JN437668

Praatjes Maken

Spreek cursus Nederlands

Praatjes Maken

Spreek cursus Nederlands

Johan Rooze

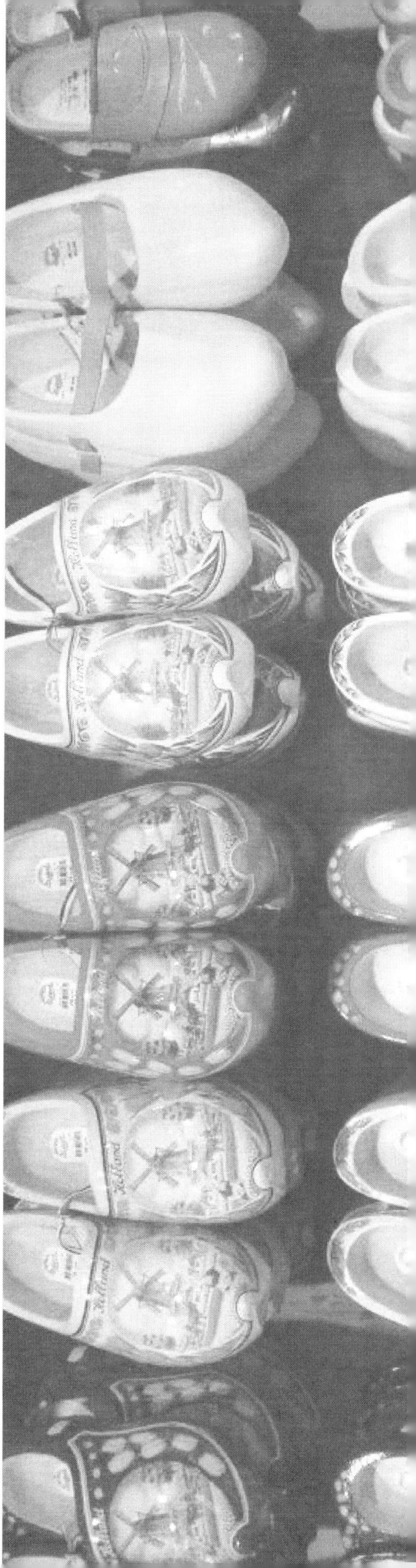

머리말

"Praatjes maken"은 네덜란드어를 공부하는 젊은이들을 위한 회화 교재로써 특별히 한국외국어대학에서 네덜란드어를 전공하는 학생들을 위해 출판되었다.

본 교재는 다음과 같은 기본적인 개념 하에 구상되었다:

초급 단계부터 가급적 많이 말하게 한다.
자유롭고 창의적인 말하기 능력을 고무시킨다.
네덜란드어에 대한 자신감을 가지고 말할 수 있게 한다.
어휘 능력을 향상시킨다.
점진적인 과정을 통해 문법 지식을 실용적 단계로 이끌어 낸다.

수업에서 교수의 역할이 간과될 수 없지만 더욱 중요한 것은 학생의 자발적인 참여와 그들 간의 상호작용이기에 수업 진행이 학생 주도적으로 이뤄질 수 있도록 교재를 구성하였다.

총 14개의 단원은 매우 쉬운 내용에서 시작하여 단계적으로 조금씩 수준을 높여간다. 각 단원에는 1개에서 7개의 연습 활동이 포함된다.

단원마다 과제를 수록하여 수업의 효율성을 기하였다. 예컨대 학생들은 예습 과제를 통해 수업 내용과 관련된 어휘를 미리 익히게 된다.

전반부에는 주제별 관련 어휘 및 구문을 자세히 제시하였고 후반부로 갈수록 학생 스스로 자발적이고 창의적으로 준비할 수 있도록 구성하였다. 마지막 부분에는 질문과 단어 목록만을 가지고 학생 스스로 친숙한 주제를 놓고 자유롭게 대화할 수 있도록 유도하였다.

본 교재는 다양한 수준의 학생들에게 유용할 것으로 기대된다. 수록된 연습 활동은 단계별로 차이를 두어 초급 이상일 경우 *와 **로 표시하였다. 그러나 교수의 가이드와 상급 학생들의 도움이 있다면 초급 학생들도 기꺼이 함께 참여할 수 있으리라 예상한다.

교재에서 사용되고 있는 모든 문법은 뒷 부분에 간단히 정리해 두었다.

오랜 경험을 통해 얻은 지혜를 기꺼이 나누어 주시는 Paula Kim-Koeck 교수님과 출판을 기획하기까지 격려를 아끼지 않으신 장붕익 교수님과 김영중 교수님을 비롯한 학과의 모든 교수님들, 특히 출판부와 연락을 취해 주시고 큰 도움을 주신 문지희 교수님께 감사의 말씀을 전한다. 더불어 삽화 작업을 맡아주신 이태길 선생님께도 감사드린다. 마지막으로 한국어 번역을 돕고 힘이 되어 준 아내에게 진심으로 감사한다.

2012. 8.

한국외국어대학교 Johan Rooze

Inleiding

"Praatjes maken" is een Nederlands conversatie boek bedoeld voor jong volwassenen. Het is in eerste instantie geschreven voor de studenten van de Nederlandse faculteit van de Hanguk University of Foreign Studies (HUFS).

Uitganspunten bij het schrijven van het boek waren:

Het stimuleren van ongeremd en creatief Nederlands spreken.
De studenten zelfvertrouwen geven in het spreken van de Nederlandse taal.
De studenten zoveel mogelijk zelf laten spreken vanaf de eerste les.
Het vocabulaire van de studenten situationeel uitbreiden.
Grammatica stap voor stap praktisch introduceren.

Alle oefeningen in het boek kunnen door de studenten zelfstandig worden uitgevoerd. Begeleiding van de docent is natuurlijk nodig, maar het gaat voornamelijk om de interactie tussen de studenten.

Het boek bestaat uit 14 hoofdstukken met opklimmende moeilijkheidsgraad. Elk hoofdstuk heeft een aantal opdrachten variërend van 1 tot 7.

Een groot aantal oefeningen begint met een huiswerk-opdracht die vóór de les gemaakt moet worden. Het gaat om het voorbereiden van de opdrachten en het zelf aanleggen van de benodigde woordenschat.

Bij de eerste lessen staan de benodigde woorden, zinnen en uitdrukkingen nog als voorbeeld gegeven, maar al spoedig moet de student zelfstandig en creatief aan het werk. Later in het boek worden de studenten voornamelijk aan de hand van voorbeeldvragen gestimuleerd om vrij te converseren over verschillende populaire thema's. De woordenlijsten aan het eind van het boek kunnen hierbij helpen.

Het boek is geschikt voor studenten van verschillend niveau. De oefeningen met * of ** zijn weliswaar bedoeld voor wat meer gevorderde studenten, maar de "snelle" beginners kunnen deze waarschijnlijk zonder moeite uitvoeren. Met behulp van de docent kan iedereen met deze oefeningen op zijn eigen niveau gewoon meedoen.

Als bijlage is een kort overzicht van de in het boek gebruikte grammatica opgenomen.

Rest mij nog dank uit te spreken naar mijn collega prof. Paula Kim-Koeck, die met haar uitgebreide ervaring en raadgeving mij wegwijs heeft gemaakt op onze afdeling, naar professor Zang Bung-Ik, Kim Young-Joong en de andere professoren van de Nederlandse faculteit, die mij motiveerden tot het schrijven van dit boek, naar professor Moon Zi-Hi voor de hulp bij het contact maken met de uitgever, naar Lee Tae-Gil voor het maken van de illustraties en tenslotte naar mijn vrouw Shin Hyo-Jung voor de Koreaanse vertalingen en de morele steun.

Johan Rooze, HUFS 2012

Praatjes maken:

Praatjes maken

Praatjes maken

Woordenlijsten:

1. Woorden spellen

Woorden spellen kun je op twee manieren doen:

1. N – E – D – E – R – L – A – N - D
2. Nico – Eduard – Dirk – Eduard – Rudolf – Lodewijk – Anna – Nico – Dirk

▪ **Groepswerk 1:** Spel om de beurt de volgende namen, adressen en afkortingen.

Amsterdam Utrecht 1215 AC Hilversum

DORPSSTRAAT 23 WILLEMSPARKWEG 312

B. van Buren ***DG – TL – 58*** Vincent van Gogh

ANWB **VVV** KNVB

▪ **Groepswerk 2:** Vraag de andere studenten in de groep om hun naam en woonplaats of geboorteplaats te spellen.
(Hoe spel je je naam? Hoe spel je dat? Hoe spel je …….. ?)

Het "Spellingsalfabet":

A = Anna
B = Bernhard
C = Cornelis
D = Dirk
E = Eduard
F = Ferdinand
G = Gerard
H = Hendrik
I = Izaäk
J = Julius
K = Karel
L = Lodewijk
M = Maria
N = Nico
O = Otto
P = Pieter
Q = Quotiënt
R = Rudolf
S = Simon
T = Teunis
U = Utrecht
V = Victor
W = Willem
X = Xantippe
Y = IJmuiden
Y = Ypsilon
Z = Zacharias

2. Voorstellen en kennismaken

▪ **Oefening 1:** *(Jezelf voorstellen)*

Voorbeeld: Ik heet Johan. / Ik ben Peter (de Boer).

(Hallo / Goedemiddag) Mijn naam is Anna de Vries. (Zeg maar Anna*)

(Pardon) Mag ik me even voorstellen, mijn naam is (Maarten) de Wit. (Formeel)

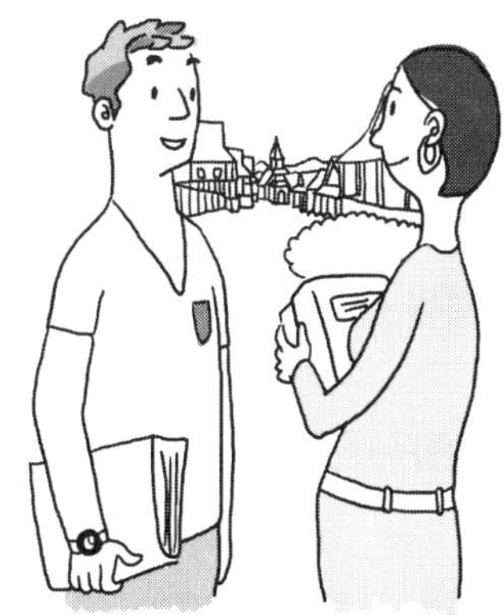

Groepswerk:

Stel jezelf voor aan de andere leden van de groep.

Nederlanders geven elkaar vaak een hand als ze elkaar ontmoeten.

- **Oefening 2:** *(Vragen naar iemands naam)*

Voorbeeld: Hoe heet je? Wie ben jij? Ik heet Wim (Bakker). / Ik ben Bert (Janssen).

Wat is je voornaam? Mijn voornaam is Jan.

Wat is je achternaam? Mijn achternaam is Klaassen.

Mag ik uw naam weten? Mijn naam is (Jos) Brederode. (Formeel)

Groepswerk: Vraag naar elkaars naam en geef antwoord.

- **Oefening 3:** *(Iemand begroeten)*

Voorbeeld: Hoi, Peter (He! Jan), ... hoe gaat het? Goed hoor. / Best.

Hallo, Anna (Dag, Joke), ... hoe gaat het ermee? Prima. En jij?

Dag* mijnheer de Winter, .. hoe gaat het met u? Heel goed, dank u.

**(Dag / Goedendag / Goedemorgen / Goedemiddag / Goedenavond)*

Ontmoet elkaar in de klas: Schrijf je voornaam op een kaartje. Op de achterkant schrijf je "Mijnheer", "Mevrouw" of "Mejuffrouw" met je achternaam.

1. Laat de voorkant van jouw kaartje zien. Oefen "begroeten" informeel.
2. Laat de achterkant van jouw kaartje zien. Oefen "begroeten" formeel.

▪ **Oefening 4:** *(Afscheid nemen / Gedag zeggen)*

Voorbeeld: Doei! / Dag. / Tot kijk. / Tot straks. / Bedankt, tot morgen. / Tot ziens.
Tot ziens, mevrouw Hanssen. / Goedenavond, mijnheer Smit. (Formeel)

Neem afscheid in de klas: Gebruik de kaartjes uit oefening 3.
Neem formeel en informeel afscheid van elkaar.

▪ **Oefening 5:** *(Iemand anders voorstellen)*

Voorbeeld: Peter, dit is mijn vriend* Karel.

- Hallo, Karel, leuk je te ontmoeten.

Mijnheer Van Sandt, mag ik u mijn vriendin* Anna voorstellen? (Formeel)

- Dag, Anna, prettig met je kennis te maken.

Anna, mag ik je professor Kim voorstellen? (Formeel)

- Goedemorgen professor Kim, prettig met u kennis te maken.

* *(klasgenoot / medestudent / leraar / professor / buurman / buurvrouw / zus / broer)*

Werk in tweetallen: Stel je partner voor aan een ander tweetal.
(Je kunt de kaartjes uit oefening 2 gebruiken.)

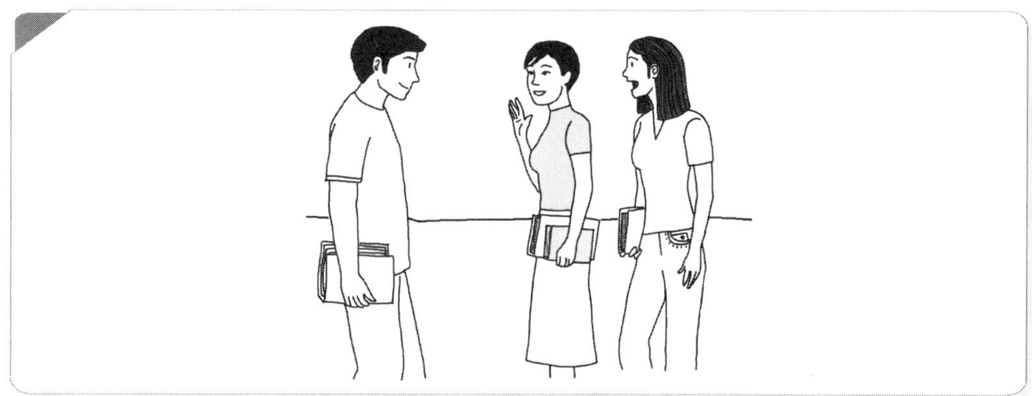

- **Oefening 6:** *(Vragen naar personen?) (Wie ....)*

Voorbeeld:

Wie is dat?	Dat is Johan.
Wie is zij?	Dat is Carla.
Wie is die meneer?	Het is meneer Gerritsen.
Is haar naam Janssen?	Ja, dat klopt. / Ja, inderdaad!
Bent u misschien professor Wieringa?	Nee, ik ben Bert Jacobs.

Groepswerk: Stel je eerst aan elkaar voor. Vraag daarna aan je buurman wie de anderen in je groep zijn. Je buurman geeft antwoord. Verwissel daarna van rol.

*

- **Oefening 7:**

Huiswerk: Lees de tekst hieronder thuis door en zoek de nieuwe woorden op.

Lezen:

Vroeger was "jij" / "je" zeggen onbeleefd maar tegenwoordig is het in Nederland heel normaal als je elkaar goed kent of als je tegen jongeren spreekt. Tegen oudere personen en personen die je niet kent zeg je natuurlijk "u".
Volgens de regels moet iedereen in het begin een ander met "u" aan spreken. Dat doe je totdat één van beiden voorstelt dat "u" zeggen niet langer hoeft. Dat hoort de oudere persoon of de persoon met een hogere rang dan voor te stellen. In de praktijk zeg je spontaan "je" en "jij" als je vindt dat je de ander goed genoeg kent.
Buitenlanders begrijpen niet zo goed waarom Nederlanders elkaar zo snel "tutoyeren". Ook in Vlaanderen en Zuid-Nederland blijf je in het algemeen langer "u" zeggen. Wat vind jij?

Groepsgesprek: Wat vindt je beter "je" of "u"? Waarom?
Is het anders in jouw land?

3. Voorwerpen ("Dingen")

▪ **Oefening 1:** *(Vragen naar "dingen")*

Voorbeeld: Wat is dit / dat? Dit / dat is een boek. Dit / dat is mijn boek.
Wat zijn dit / dat? Dit / dat zijn (mijn) boeken.

Werk in tweetallen: Dit is een plaatje van Anna en Maarten.
Wijs iets aan en vraag aan je partner wat je op het plaatje ziet.

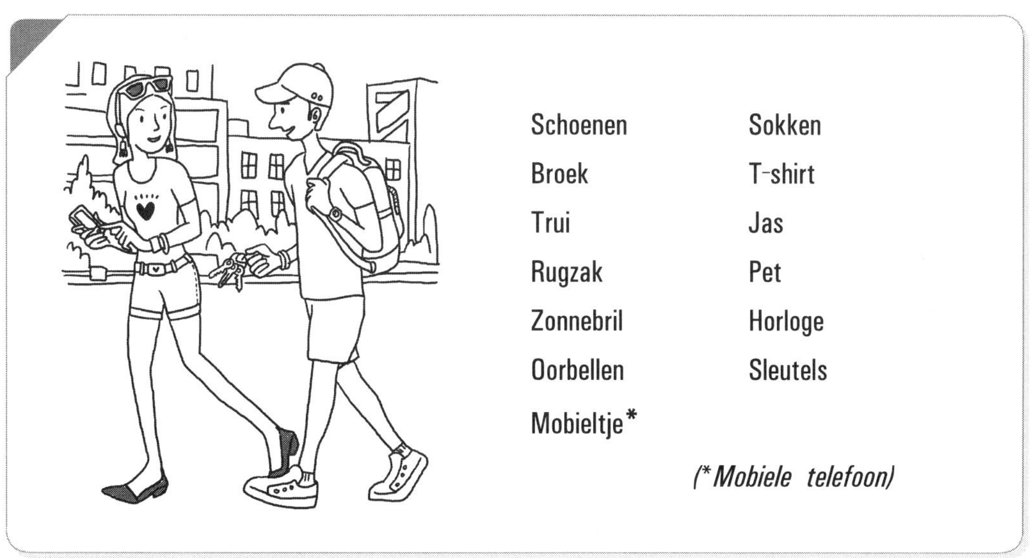

- **Oefening 2:** *(Van Anna of van Maarten?)*

Voorbeeld: Van wie is deze / die rugzak? Die is van Maarten. / Hij is van Maarten.
Van wie is dit / dat T-shirt? Dat is van Anna. / Het is van Anna.
Van wie zijn deze / die sokken? Die zijn van Maarten. / Ze zijn van Maarten.

Werk in tweetallen: Vraag aan elkaar van wie het is?

- **Oefening 3:** *(Deze bril is van ....?)*

Voorbeeld: Deze bril is van Jae-Won. / Die bril is van Jae-Won.
Dit boek is van mijnheer Lee. / Dat boek is van mijnheer Lee.
Deze pennen zijn van Sung-Eun. / Die pennen zijn van Sung-Eun.

Werk in een groep:

Iedere student legt 3 dingen op tafel.
Houd een wedstrijd!
Hoe snel kun je alles opnoemen?

▪ **Oefening 4:** *(Waar is mijn ......?)*

Voorbeeld: De / Mijn sleutels liggen* op** de tafel. Er liggen sleutels op de tafel.

Jouw slippers staan* onder** de tafel. Er staan slippers onder de tafel.

**(Liggen / staan / hangen / zijn)*

***(in / op / onder / tegen / naast / aan / tussen / voor / achter)*

Werk in tweetallen: Kijk naar het plaatje en vertel aan elkaar waar de dingen zijn.

▪ **Oefening 5:** *(Dingen die je dagelijks gebruikt)*

sleutel	cijferslot	zonnebril	strijkijzer	politieauto	niet roken!	envelop
cd	videocamera	kalender	film	blender	vergrootglas	schaar
kraan	leesbril	verfkwast	broodrooster	kompas	radio/ cd-speler	pleister
speld	thermometer	vliegtuig	gehandicapt!	magneet	naaimachine	brievenbus
stopwatch	procent	koptelefoon	stadion	klerenhanger	bureaulamp	fiets
ziekenauto	kam	hamer	vuilnisbak	schroevendraaier	klok	schilderij
kurkentrekker	muis	bijl	straaljager	folder	bus	föhn
passagiersboot	prijsbeker	paperclip	ventilator	borstel	bel	telefoon
verrekijker	pin	boek	keyboard	motor	huis	cadeau
mobieltje	snelweg	schep	vlag	trein	potlood	fototoestel
zaag						zaklamp

Huiswerk: Schrijf thuis onder de plaatjes van de volgende bladzij wat het is.
Gebruik het lijstje dat hier boven staat.
Je moet natuurlijk ook de lidwoorden opzoeken!

Voorbeeld: De bel is onder de prijsbeker en boven de pin.
De bel is links van de thermometer en rechts van het vliegtuig.
De bril is tussen de lamp en de fiets.

Werk in tweetallen: Een student vraagt: "Waar is de / het .... ?
De andere student geeft antwoord.
Werk "om en om".

- **Oefening 6:** *(Hiermee kun je...)*

Voorbeeld: Met dit voorwerp kan je: - een tekening maken ...
- een woord schrijven ...
- sudoku's maken ...

"POTLOOD!"

Groepswerk: Een student noemt "een voor een" dingen die je met een voorwerp kan doen. De anderen proberen te raden wat het is.

▪ **Oefening 7:** *(Waar ligt ....)*

STUDENT A

Voorbeeld: A: Is er een laptop op jouw plaatje?

B: Ja, dat klopt. / Inderdaad. / (Nee, er is geen laptop op mijn plaatje.)

A: Waar is hij*?

B: Hij staat** op het bureau.

A: Op mijn plaatje ligt hij op de bank (sofa).

(hij / die - het / dat)*   *(zijn / staan / liggen / hangen)*

Werk in tweetallen: Student A kijkt naar deze pagina.

Student B kijkt naar de volgende pagina.

Stel om de beurt vragen om de plaatjes te vergelijken.

■ **Oefening 7:** *(Waar ligt ....)*

STUDENT B

Voorbeeld: A: Is er een computer op jouw plaatje?

B: Ja, dat klopt. / Inderdaad. / (Nee, er is geen computer op mijn plaatje.)

A: Waar is hij*?

B: Hij ligt** op de bank (sofa).

A: Op mijn plaatje staat hij op het bureau.

(hij / die // het / dat)* *(zijn / staan / liggen / hangen)*

Werk in tweetallen: Student B kijkt naar deze pagina.

Student A kijkt naar de vorige pagina.

Stel om de beurt vragen om de plaatjes te vergelijken.

▪ Oefening 8: *(Mijn eigen kamer)*

Huiswerk: Maak een tekening of plattegrond van jouw eigen kamer.
Teken alle meubels en voorwerpen die je belangrijk vindt.

(Zo ziet mijn kamer eruit……….)

Werk in tweetallen: Vertel aan je partner welke meubels en voorwerpen er in jouw kamer staan, liggen of hangen.

Als je partner meer wil weten kan hij ook vragen stellen:

Wat staat er naast het raam? / Wat hangt er boven de tafel?

Daarna wissel je van rol.

4. Personen en familie

▪ Oefening 1: *(Persoonlijke informatie)*

Huiswerk: Schrijf je eigen informatie in de onderstaande tabel.

Naam:	
Adres:	
Telefoonnummer:	
Leeftijd:	
Geboorteplaats:	
Lengte:	
Gewicht:	
Sport:	
Muziek:	
Film:	

Voorbeeld: Wie ben jij? / Wat is jouw adres? / Wat is je telefoonnummer?
Wat is je leeftijd? / Waar ben je geboren? / Wat is je lengte / gewicht?
Wat is je favoriete sport / muziek / film?

Groepswerk: Vraag de andere studenten naar hun persoonlijke informatie en schrijf die in onderstaande lijst.

	Naam:	Leeftijd:	Lengte:	Sport:	Muziek:	Film:	Extra?
1							
2							
3							
4							

In de klas: Lees de informatie van een van de leden van de groep voor. De klas moet raden wie het is.

▪ Oefening 2: *(Familie)*

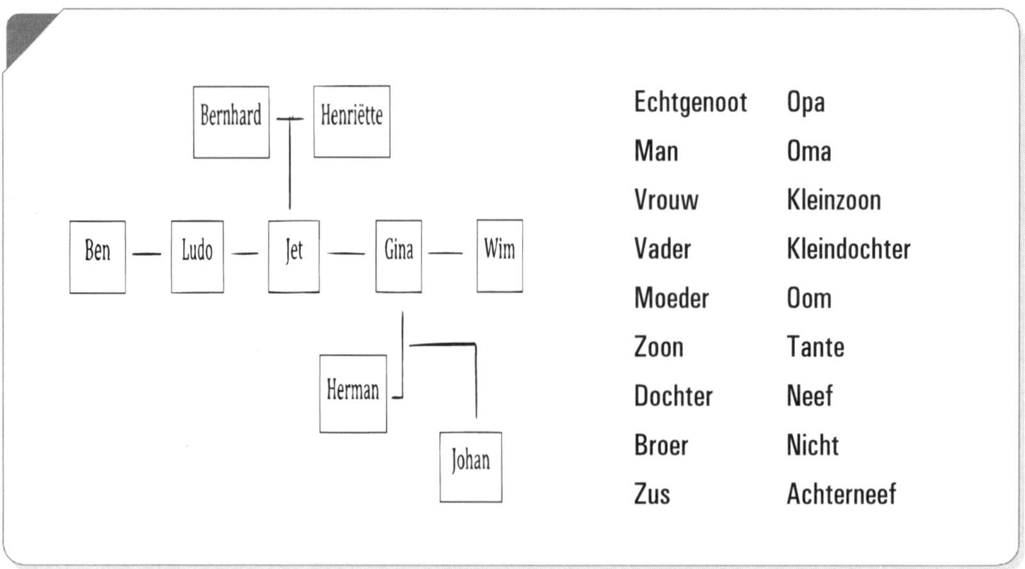

Huiswerk: Teken de stamboom van je eigen familie.

Voorbeeld:

Heb je een grote familie?
Hoe heet je zus / broer?
Hoe oud zijn ze?
Heb je veel ooms en tantes?
Hoe heet je neef / nicht?
Is hij / zij getrouwd?

Hoeveel broers / zussen heb je?
Wat doet ze / hij?
Hoe heet je vader / moeder?
Leven je opa en oma nog?
Zie je ze vaak?
Doen ze aan sport / muziek / ... ?

Werk in tweetallen: Stel vragen en praat over elkaars familie.

** Praten over je familie

Huiswerk: Zoek woorden die je nog niet kent vóór de les op.
Schrijf het nummer van de juiste vraag bij de goede opdracht.

Klassewerk: Gebruik de vragen om de juiste personen te zoeken. Noteer hun naam.

Zoek iemand die - / Zoek iemand van wie - Vragen:

- de vader hetzelfde werk doet als jouw vader.
- even veel zussen heeft als jij.
- 's avonds even laat naar bed gaat.
- een oudere broer of zus heeft.
- de moeder even oud is als de jouwe.
- even veel tantes heeft als jij.
- de vader even oud is als jouw vader.
- de moeder werkt.
- even veel zussen heeft als jij.
- dezelfde hobby heeft als jij.
- een broer of zus op HUFS heeft.
- even veel neven / nichten heeft als jij.
- even veel broers heeft als jij.
- even lang is als jij.
- bij zijn ouders woont.
- een opa of oma in huis heeft.
- een even grote familie heeft.

01. Heb jij een oudere broer of zus?
02. Woon jij (nog) thuis bij je ouders?
03. Woont je opa of oma bij je thuis?
04. Werkt jouw moeder?
05. Hoeveel tantes heb jij?
06. Hoeveel broers heb jij?
07. Hoeveel kinderen zijn er in jouw familie?
08. Hoeveel neven en nichten heb jij?
09. Hoeveel zussen heb jij?
10. Hoe oud is je moeder?
11. Hoe lang ben jij?
12. Wat doet jouw vader voor werk?
13. Wat is je hobby?
14. Hoe laat ga je 's avonds naar bed?
15. Heb je een zus of broer op HUFS?
16. Hoe oud is je vader?
17. Hoe groot is jouw familie?

Extra vragen:

Lijk je op je vader of je moeder?
Naar welke school gaan je broers en / of zussen?
Zie je je opa en oma vaak?
Wat doet je familie op zondag?
Hoe vaak is je familie verhuisd?
Heeft je hele familie talent voor iets? (Muziek / Sport / Wiskunde?)
Krijg je zakgeld of maandgeld van je ouders?
Heb je wel eens tegen je ouders gelogen?

▪ Oefening 3: *(Hoe zien ze eruit?)*

Voorbeeld: Hoe ziet Anna eruit?

Zij is .... (lang / groot / klein / dik / slank / mager / ....)
Zij heeft ....haar. (lang / kort / stijl / krullend / ....)
Haar haar is .... (blond / zwart / donker / licht / grijs / ....)
Zij heeft .... (groene ogen / een lange neus / lange benen / ....)
Zij is .... (knap / aantrekkelijk / mooi / stoer / jong / oud ....)

Wat draagt ze? (Wat heeft hij / ze aan?)
Ze draagt een ...... broek*. (wit / zwart / bruin / rood / blauw / groen / ....)
**(broek / rok / jurk / jas / trui / shirt / jas / ....)*
Ze heeft (een) .... aan. (witte jurk / zwarte schoenen / sokken / ....)
Ze draagt een .... (bril / hoed / pet / horloge / armband / tas / ....)

Werk in tweetallen: 1. Praat over de mensen in deze tekening. Gebruik de vragen uit het voorbeeld.
2. Beschrijf een student uit de klas.
3. Beschrijf iemand uit je eigen familie.

▪ Oefening 4: *(Karakter)*

Huiswerk: Zoek de nieuwe "karakter" woorden in het volgende lijstje op.

aardig	stil	verlegen	optimistisch	(on)vriendelijk
leuk	druk	vergeetachtig	pessimistisch	(on)beleefd
anders	serieus	zenuwachtig	realistisch	(on)betrouwbaar
lui	grappig	gevoelig	expressief	(on)geduldig
netjes	slordig	romantisch	(on)sportief	(on)rustig

\+ ontzettend - heel (erg) - erg - best wel - vrij - nogal - een beetje

\- niet erg - niet zo - niet - helemaal niet - totaal niet

Voorbeeld: Hoe is Willem? / Welk karakter heeft hij?

- Hij is (heel) vriendelijk en / maar een (beetje) slordig.

Is Anna aardig?

- Ja, zij is (erg) aardig. / Nee, zij is niet (zo) aardig.

Werk in een groep:
1. Beschrijf samen personen uit een andere groep of een andere bekende persoon.
2. Bespreek welk karakter een leraar moet hebben.
   (ouders / een dokter / je beste vriend(in)
   een manager / een fotograaf / een president
   een kamergenoot / een reisgenoot)

*(Een dokter moet .... , ... en .... zijn.)

** Praten over jezelf

Huiswerk: Lees de vragen goed door en bedenk wat je antwoord zal zijn.
Zoek woorden die je nog niet kent vóór de les op.

Groepswerk: Gebruik de vragen om korte gesprekjes met elkaar te beginnen.

Ben je een ochtend- of een avondmens?
Vertel je altijd de waarheid?
Houd je van uitgaan?
Ben je netjes of slordig?
Kom je vaak te laat of ben je altijd op tijd?
Ben je sportief of lui?
Ben je een perfectionist of rommel je maar wat?
Bereid je je altijd goed voor?
Drink je veel of weinig alcohol?
Ben je serieus?
Ben je verlegen of open?
Zijn je ouders streng of laten ze je vrij?
Vertel een leuk verhaaltje over je familie.
Wat heb je afgelopen weekend gedaan?
Wat ga je volgend weekend doen?
Hoe kom je naar school?
Houd je van lekker eten of van fastfood?
Heb je veel geduld of ben je ongeduldig?
Kun je je goed en lang concentreren?
Ben je altijd aardig tegen je broers en zussen?
Ben je altijd beleefd of soms niet aardig?
Ben je een techneut?
Ben je een leider of juist volgzaam?
Ben je vrijgevig of inhalig?

Ben je bescheiden of verwaand?
Hoe vaak ben je verhuisd?
Ben je een individualist of werk je graag samen?
Geef je veel geld uit of ben je zuinig?
Heb je een huisdier? (Hou je van dieren?)
Hoe is je rooster dit semester?
Kook je wel eens?
Slaap je erg diep of wordt je overal wakker van?
Ben je een "huismus" of ga je veel uit huis?
Ben je een dromer of een realist?
Heb je wel eens in een tent geslapen?
Ben je spontaan of moet je alles zorgvuldig voorbereiden?
Bezoek je je ouders in het weekend?
Hoe laat sta je op en hoe laat ga je naar bed op zaterdag en zondag?
Koop je impulsief of zoek je altijd het goedkoopste?
Lees je regelmatig een krant of tijdschrift?
Ben je wel eens naar een popconcert geweest?
Hou je van de stad of van het platteland?
Ben je een entertainer?
Ga je elk weekend winkelen?
Waar ben je geboren?
Waar woon je nu?
Wat zijn je hobby's?
Ken je je opa en oma goed?

5. Dagen, tijd en agenda

▪ **Oefening 1:** *(Klokkijken)*

Voorbeeld: Hoe laat is het? Het is 10 uur. / Het is half 11.
Het is kwart over 10. / Het is kwart voor 11.
Het is 5 (minuten) over / voor 10.
Het is 10 (minuten) over / voor half 11.

(Hoe laat is het?)

- **Oefening 2:** *(Wat doen ze?)*

Voorbeeld: Hij slaapt. / Hij is aan het slapen. / Hij ligt te slapen.
Ze drinkt. / Ze is aan het drinken. / Ze staat te drinken.
Ze leest. / Ze is aan het lezen. / Ze zit te lezen.

Werk in tweetallen: Vraag aan elkaar wat de mensen in de plaatjes doen.

- **Oefening 3:** *(Dagelijkse handelingen)*

Huiswerk: Zoek nieuwe woorden in het onderstaande lijstje op.
Bedenk nog meer dingen die je elke dag doet.

Voorbeeld:

Hoe laat sta jij op?	- Ik sta om 07.15 ('s morgens) op.
Hoe laat ga je naar bed?	- Ik ga om 22.00 ('s avonds) naar bed.
Wat doe je eerst?	- Eerst sta ik op.
En wat doe je daarna?	- Dan ga ik........... .
En dan?	

Opstaan	Studeren	Eten (Dineren)
Zich wassen	Lunchen	TV kijken
Ontbijten	Vrienden ontmoeten	Een boek lezen
Naar school gaan	Boodschappen doen	Telefoneren
Naar je werk gaan	Thuiskomen	Naar bed gaan
______________	______________	______________
______________	______________	______________
______________	______________	______________

Werk in tweetallen: Vraag en vertel aan elkaar wat je dagelijks doet. Maak een volgorde met de woorden hieronder.

eerst / daarna / dan / verder / vervolgens / ook / misschien / tenslotte
's morgens / 's middags / 's avonds / 's nachts
in de morgen / in de middag / in de avond

▪ Oefening 4: *(Agenda)*

Huiswerk: Schrijf in de agenda op wat je het komend weekend gaat doen.

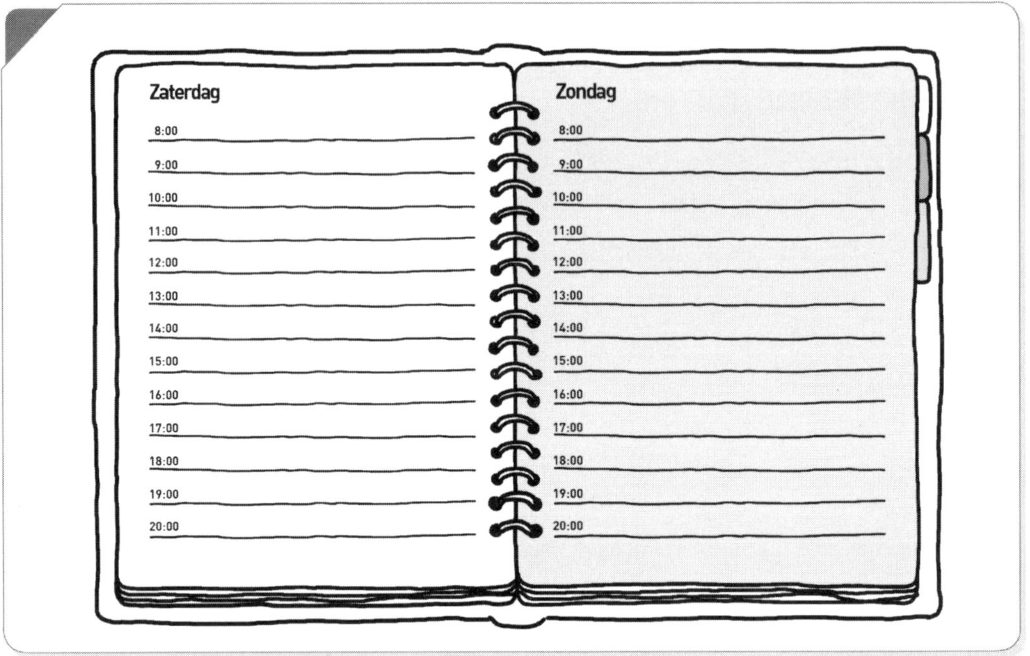

Voorbeeld: Op zaterdag om 16.00 ga ik voetballen met vrienden.
's Zondags ga ik om 10.00 naar de kerk.

Groepswerk: Vertel aan de andere studenten wat je dit komend weekend allemaal gaat doen. Stel ook vragen aan de anderen.

Wanneer kunnen we samen naar de film gaan?
Wanneer ben je vrij op zaterdag?
Heb je tijd op zondag om samen huiswerk te maken?
Wat is een goede tijd voor jou om .... ?
Heb je zaterdagavond iets te doen?
Zullen we zondagmiddag .... ?

▪ **Oefening 5:** *(Wat doe je deze week?)*

Huiswerk: Vul de "ik" kolom van onderstaande tabel thuis vóór de les in.

	Ik	Student 1	Student 2
Hoe laat sta je op in het weekend?			
Hoe laat ga je naar bed in het weekend?			
Hoe laat sta je op op weekdagen?			
Hoe laat ga je naar bed op weekdagen?			
Welke dagen ben je echt druk?			
Op welke dagen heb je Nederlandse les?			
Op welke dagen doe je aan sport?			
Noem twee dingen die je zaterdags doet.			
Wanneer heb je tijd voor je hobby's?			
Bedenk zelf..............			

Werk in tweetallen: Stel elkaar om beurten vragen en vul de tabel in (Student 1).
Maak andere tweetallen en herhaal de oefening. (Student 2).

▪ **Oefening 6:** *(Vrije dag)*

Voorbeeld: Wat doe jij gewoonlijk op een vrije dag (morgen / middag / avond)?
's Morgens sta ik gewoonlijk / meestal niet vroeg op.
's Middags ga ik soms / af en toe / vaak naar het park.
's Avonds ga ik uit eten met vrienden of naar de film.
Eerst ga ik zwemmen en daarna op bezoek bij mijn familie.

Uitslapen	Voetballen	Mijn …….. schoonmaken
Sporten	Wandelen	Naar het strand gaan
Studeren	Dansen	Boodschappen doen
Computeren	Naar de film gaan	Winkelen
Internetten	Foto's maken	Schilderen
Huiswerk maken	Uit eten gaan	________________
Thuisblijven	Naar een concert gaan	________________
Piano spelen	TV kijken	________________

<u>Hoe vaak:</u>

altijd / gewoonlijk / meestal / vaak / soms / af en toe / zelden / (bijna) nooit

Werk in een groep: Vraag en vertel elkaar wat je doet op een vrije dag.

** Praten over vrije tijd

Huiswerk: Zoek woorden die je nog niet kent vóór de les op.
Schrijf het nummer van de juiste vraag bij de goede opdracht.

Klassewerk: Gebruik de vragen om de juiste personen te zoeken. Noteer hun naam.

Zoek iemand die -	Vragen:
- vaak naar de film gaat.	01. Blijf je altijd thuis?
- aan bowling doet.	02. Teken of schilder jij?
- badminton speelt.	03. Houdt je van fotograferen?
- tekent of schildert.	04. Houd je van dansen?
- graag foto's maakt.	05. Verzamel jij iets? (Wat verzamel je?)
- piano speelt.	06. Houd je een dagboek bij?
- een dagboek bijhoudt.	07. Doe je wel eens vrijwilligerswerk?
- poolbiljart speelt.	08. Ga je soms naar een sportclub?
- goed kan rolschaatsen.	09. Schrijf je soms naar verre vrienden?
- kan koken.	10. Houd je van films?
- altijd thuis blijft.	11. Speel je wel eens poolbiljart?
- een verzameling heeft.	12. Doe je veel aan sport? (Welke?)
- veel aan sport doet.	13. Surf of chat je op het Internet?
- vrijwilligerswerk doet.	14. Houd je van koken? (Wat kook je?)
- surft en chat op het net.	15. Ga je wel eens naar de bowlingbaan?
- een muziekinstrument speelt.	16. Assisteer je in de kerk?
- aan dansen doet.	17. Speel je een muziekinstrument?
- een buitenlandse "pen" vriend heeft.	18. Speel je badminton? (Hoe vaak?)
- altijd uitslaapt.	19. Speel je piano? (Hoe lang al?)
- aan taekwondo doet.	20. Kun je rolschaatsen?
- naar de sportclub gaat.	21. Doe je aan teakwondo? (Hoe lang?)
- in de kerk actief is.	22. Slaap je vaak uit?

- **Oefening 7:** *(Uitgaan....)*

STUDENT A

Huiswerk: Bekijk het plaatje goed. Wat gebeurt er? Wat zie je allemaal?
Maak thuis aantekeningen.

Voorbeeld: Er is een man aan het zingen. O...! Bij mij is...... .
Er zit een vrouw .... Op mijn tekening zit ....

Werk in tweetallen: Student A kijkt op deze pagina.
Student B kijkt op de volgende pagina.
De plaatjes zijn bijna hetzelfde.
Bespreek wat de verschillen zijn.
** Kijk 20 seconden naar de andere bladzijde. Sluit je boek en probeer te vertellen wat er op het andere plaatje gebeurt.

▪ **Oefening 7:** *(Uitgaan....)*

STUDENT B

Huiswerk: Bekijk het plaatje goed. Wat gebeurt er? Wat zie je allemaal?
Maak thuis aantekeningen.

Voorbeeld: Er is een vrouw aan het zingen. O...! Bij mij is...... .
Er zit een man .... Op mijn tekening zit ....

Werk in tweetallen: Student B kijkt op deze pagina.
Student A kijkt op de vorige pagina.
De plaatjes zijn bijna hetzelfde.
Bespreek wat de verschillen zijn.
* Kijk 20 seconden naar de andere bladzijde. Sluit je boek en probeer te vertellen wat er op het andere plaatje gebeurt.

** Praten over uitgaan

Huiswerk: Lees de vragen goed door en bedenk wat je antwoord zal zijn.
Zoek woorden die je nog niet kent vóór de les op.
Bedenk nog meer vragen........

Groepswerk: Gebruik de vragen om korte gesprekjes met elkaar te beginnen.

Wat doe je meestal op zaterdagavond?
Ga je regelmatig naar een koffieshop? Met wie ga je daarnaartoe? Wat neem je?
Ga je vaak naar een bar of "hof"? Drink je dan erg veel? Te veel?!
Welke drank vind je het lekkerst?
Hoe oud was je toen je voor het eerst alcohol dronk?
Wat eet je het liefst bij het drinken?
Heb je wel eens zoveel gedronken dat je je het niet meer kan herinneren?
Heb je wel eens iemand naar huis moeten dragen?
Kan jij ook fantastisch uitgaan zonder alcohol te drinken?
Vertel je beste en je slechtste "drink"verhaal?
Heb je wel eens bij een dronken bestuurder in de auto gezeten? Hoe vond je dat?
Ga je liever met een of twee vrienden uit of met een hele groep?
Ga je vaak naar een karaokebar? Kun je goed zingen? Ken je veel liedjes?
Zing je beter als je gedronken hebt?
Speel je wel eens poolbiljart? Wil je dan altijd winnen of doe je het voor de lol?
Ga je wel een 's nachts winkelen of naar vuurwerk kijken?
Kun je goed dansen?
Dans je beter als je drinkt?
Wat zijn drie dingen die je het liefst doet in het weekend?
Ga je in het weekend naar de kerk?

Ga je wel eens naar een klassiek concert?

Ben je wel eens naar de opera geweest?

Ga je wel eens naar een popconcert?

Kom je altijd voor middernacht thuis?

Ben je wel eens thuis gekomen toen de zon alweer op was?

____ ?

____ ?

____ ?

____ ?

____ ?

Praatjes maken:

6. School, universiteit en baan

▪ **Oefening 1:** *(Wat doe je met........?)*

Huiswerk: Zoek de woorden die je niet kent vóór de les op.

Voorbeeld:	Waar is de klok?	Die hangt aan de muur.
	Heb je een boek?	Ja / Nee, ...
	Wat doe je met dat boek?	Daarin lees ik.
	Wat kun je met een pen doen?	Daarmee kun je schrijven.
		Je kunt ermee schrijven.
	Waarvoor gebruik je die stoel?	Om op te zitten.

Werk in tweetallen: Vraag aan je partner waar de dingen in het plaatje zijn.
Vraag daarna wat hij / zij ermee doet. (...... kan doen.)

1. De klok
2. De rugzak
3. Het bureau
4. Het elektronisch woordenboek
5. De wandkaart
6. Het prikbord
7. Het raam
8. De lineaal
9. De gum
10. De pen
11. Het potlood
12. Het schrift
13. Het boek
14. De tafel
15. De prullenbak
16. De stoel

Groepswerk: Leg dingen die je bij je hebt op tafel.

Vraag aan elkaar wat je ermee kunt doen.

■ **Oefening 2:** *(Wat vind je van.......?)*

Huiswerk: Vul het lijstje thuis in. Geef je mening over de studievakken.
Bedenk zelf nog twee vakken.

	Interessant Heel leuk	Goed Leuk	Gaat wel Zo zo	Niet zo Niet leuk
Grammatica				
Conversatie				
Schrijven				
Spreken				
Luisteren				
Lezen				
Woordjes leren				
Groepswerk				
-?				
-?				

Voorbeeld: Wat vind je van ....? / Vind je .... leuk? / Hoe vind je .... ?
.... , vind je dat moeilijk? / Vind je .... interessant?

Ik vind het .... / .... is moeilijk / makkelijk.

Ik hou niet van .... / En jij?

Groepswerk: Vraag de andere studenten naar hun mening over de Nederlandse studie.
Gebruik woorden uit het lijstje hieronder.

+	+/-	-
(heel) leuk	zo zo	vervelend
makkelijk	wel aardig	moeilijk
eenvoudig	matig	niet (zo) leuk
interessant	simpel	verschrikkelijk
gaaf!	soms leuk	helemaal niet leuk
leuk om te doen	wisselend	stom
de moeite waard	overbodig	afgrijselijk!

▪ Oefening 3: *(Studenten)*

STUDENT A

Voorbeeld: Hoe is haar achternaam? / Hoe is zijn voornaam?
Wat studeert ze? / Hoe spel je dat?
Hoe lang doet hij dat al? / Waar komt ze vandaan?
Wat wil hij later worden?

Werk in tweetallen: Student A kijkt op deze bladzijde.
Student B kijkt op de volgende bladzijde.
Stel elkaar om de beurt vragen over de personen in de tabel. Vul de ontbrekende gegevens in.

Voornaam:	Jan	Tini	Jo	Polly	John	Hans
Achternaam:		Moens		Cook		Koeman
Stad/Land:	Amsterdam		Haarlem		Australie	
Studie:			Kunst	Bouwkunde		Economie
Jaar:	3e jaars	1e jaars			1e jaars	
Beroep:		Schrijfster		Ingenieur		Zakenman

* **Groepswerk:** Bespreek samen met de andere studenten welk beroep je later wilt hebben.
Moet je daar nog verder voor studeren of andere vakken volgen?
Welke eigenschappen heb je daarvoor nodig?

▪ Oefening 3: *(Studenten)*

STUDENT B

Voorbeeld: Hoe is haar achternaam? / Hoe is zijn voornaam?
Wat studeert ze? / Hoe spel je dat?
Hoe lang doet hij dat al? / Waar komt ze vandaan?
Wat wil hij later worden?

Werk in tweetallen: Student B kijkt op deze bladzijde.
Student A kijkt op de vorige bladzijde.
Stel elkaar om de beurt vragen over de personen in de tabel.
Vul de ontbrekende gegevens in.

Voornaam:	Jan	Tini	Jo	Polly	John	Hans
Achternaam:	van Bunnik		de Jong		Rose	
Stad/Land:		Utrecht		Engeland		Den Haag
Studie:	Rechten	Nederlands			Medicijnen	
Jaar:			2e jaars	4e jaars		4e jaars
Beroep:	Politicus		Filosoof		Dokter	

* **Groepswerk:** Bespreek samen met de andere studenten welk beroep je later wilt hebben.
Moet je daar verder voor studeren of andere vakken volgen?
Welke eigenschappen heb je daarvoor nodig?

▪ Oefening 4: *(Wat kan jij goed? / Waar ben jij goed in?)*

Voorbeeld:

Spreek je andere talen?	Ja, ik spreek Frans en Engels.
Kan jij gitaar spelen?	Ja, dat kan ik. / Nee dat kan ik niet.
Kan hij koken?	Ja, dat kan hij heel goed. / Ja, hij kookt erg goed.
	Nee, dat kan hij niet (zo) goed.
Ben je goed in een sport?	Ik ben goed in tennissen.

Combinatie: Ik kan goed dansen <u>en</u> een beetje zingen.

Ik kan wel piano spelen, <u>maar</u> ik kan niet goed voetballen.

Ik kan Nederlands<u>,</u> Engels <u>en</u> Koreaans spreken.

overtuigen	Nederlands	piano spelen	honkballen
luisteren	Engels	viool spelen	voetballen
samenwerken	Chinees	gitaar spelen	tennissen
schrijven	Japans	drummen	schaatsen
organiseren	talen	zingen	zwemmen
onderzoeken	communiceren	dansen	schaken

Werk in tweetallen: Vraag en vertel aan elkaar wat jullie goed kunnen of waar je talent voor hebt.

In de klas: Vertel aan de klas wat jouw partner goed kan.

- **Oefening 5:** *(Bijbaantjes............ "arbeit")*

Voorbeeld: Verkoper in een muziekwinkel.
Telefonisch health food verkopen.
Vertalen voor een buitenlandse organisatie.
Toeristen rondleiden in Europa.

Groepswerk: Bespreek samen welke eigenschappen je nodig hebt voor bovengenoemde baantjes. Bedenk zelf meer bijbaantjes.

** Praten over studeren en werken

Huiswerk: Zoek woorden die je nog niet kent vóór de les op.
Schrijf het nummer van de juiste vraag bij de goede opdracht.

Klassewerk: Gebruik de vragen om de juiste personen te zoeken. Noteer hun naam.

Zoek iemand die

- al meer dan 3 jaar op HUFS studeert.
- van problemen oplossen houdt.
- stress krijgt van deadlines.
- een CEO wil worden.
- altijd op school eet.
- familie op deze universiteit heeft.
- zijn eigen zaak wil beginnen.
- al verschillende baantjes heeft gehad.
- vlak bij de universiteit woont.
- altijd zijn bureau opruimt.
- altijd als een van de eersten op school is.

Vragen:

01. Heb je familie op deze universiteit?
02. Ben je altijd het eerste op school?
03. Eet je vaak in de mensa?
04. Los je graag problemen op?
05. Heb je vaak bijbaantjes?
06. Hoe ver woon je van de universiteit?
07. Hoe lang studeer je hier al?
08. Is jouw bureau altijd netjes?
09. Waarvan krijg jij de meeste stress?
10. Wat is het doel van je carrière?
11. Wil je later bij een baas werken of voor jezelf beginnen?

Extra vragen:

Ben je iemand die altijd op de klok kijkt?

Experimenteer je vaak of houd je altijd alles onder controle?

Doe je wat jij wilt of doe je wat je ouders willen?

Ben je een individualist of een groepsspeler?

Ben je een leider of een volger?

Ben je iemand die vaak met nieuwe ideeën komt?

Blijf je kalm of raak je in paniek als er iets mis gaat?

Gebruik je het weekend om uit te rusten of om werk in te halen?

Wat doe je als ontspanning?

Kun je studeren met de radio of de TV aan?

Hoeveel klassen en hoeveel uur les heb je dit semester?

Heb je een studiebeurs?

Studeer je nog meer buiten de universiteit?

Wat is leuker, de middelbare school of de universiteit?

7. Verleden en toekomst

▪ **Oefening 1:** *(Mijn leven.......)*

Huiswerk: Maak aan de hand van de plaatjes thuis een lijstje van gebeurtenissen uit je eigen leven. Verzin zelf nog meer dingen. Bedenk ook een gebeurtenis die voor jou tot nu toe misschien wel het belangrijkst in je leven is geweest.

Voorbeeld:	Waar ben je geboren?	Ik ben geboren in Zaandam.
	Wanneer ben je geboren?	Ik ben geboren op 18 maart 1959.
	Waar ben je opgegroeid?	Ik ben opgegroeid in Zaandam en in 1974 ben ik naar Hilversum verhuisd.
	Wanneer heb je je diploma gehaald?	In mei 1986.

Groepswerk: Stel vragen aan elkaar en vertel aan de anderen wat je je allemaal over vroeger kunt herinneren. Jouw leven, familie, een vriend of een leraar op school.

Groepswerk: Vertel aan de groep over een belangrijke gebeurtenis. Wat / waar / wanneer / welke leeftijd / met wie / waarom belangrijk, enz.

- **Oefening 2:** *(Afgelopen weekend....)*

Huiswerk: Vul in de "ik" kolom van de tabel in wat je afgelopen weekend allemaal gedaan hebt of waar je bent geweest. Schrijf ook de dag en de tijd erbij. Noteer ook of je alleen was of samen met iemand. Verzin zelf nog meer activiteiten.

Voorbeeld:

Heb je dit weekend ....? — Ja, zaterdagmiddag heb ik ....

Ben je dit weekend ....? — Op zondagochtend ben ik ....

Hoe laat ben je ....? — Ik ben om ....

Met wie heb je ....? — Ik heb met ....

Heb je je familie ontmoet? — Nee, ik heb gestudeerd.

	Ik	Student 1	Student 2
Email versturen			
Sporten			
Winkelen			
Uitslapen			
Uitgaan			
Kamer opruimen			
Studeren			
Naar een concert gaan			
Naar een feestje gaan			
Naar de film gaan			
-?			
-?			
-?			

Groepswerk: Stel vragen aan andere studenten en schrijf de antwoorden op. Schrijf extra informatie die ze vertellen ook op. Vraag ook of ze nog andere bijzondere dingen gedaan hebben. Als iedereen klaar is wissel je van groep en vertel je aan de nieuwe groep over de studenten aan wie je eerder vragen hebt gesteld.

▪ **Oefening 3:** *(Wat ga jij komend weekend doen?.....)*

Voorbeeld?: Ga je komend weekend studeren?

Hoe lang ga je wandelen? Met wie ga je dansen?

Studeren	TV kijken	Naar de film	Naar een feest
Naam:	Naam:	Naam:	Naam:
Hoelang?	Wanneer?	Welke?	Waar?
Wat?	Welk?	Met wie?	Wanneer?

Dansen	Muziek luisteren	Winkelen	Vriend ontmoeten
Naam:	Naam:	Naam:	Naam:
Met wie?	Welke?	Waar?	Wie?
Waar?	Met wie?	Met wie?	Wanneer?

Uit eten	Werken	Sporten	Familie bezoeken
Naam:	Naam:	Naam:	Naam:
Wanneer?	Hoe lang?	Wat?	Wanneer?
Wat?	Welk?	Waar?	Waar?

Internetten	Piano spelen	Een reis maken	Wandelen
Naam:	Naam:	Naam:	Naam:
Hoelang?	Hoe lang?	Waar?	Met wie?
Wat?	Wat?	Wanneer?	Waar?

In de klas: Kijk naar de activiteiten in de tabel. Ontmoet andere studenten in de klas en vraag wat ze komend weekend gaan doen.
Probeer voor elke activiteit een student te vinden.
Schrijf hun naam en extra informatie op.

Groepswerk: Bespreek wat de studenten in de klas gaan doen. Vertel ook details.
(So-Jeong gaat zaterdag samen met Eun-Mi naar de film.
Ze gaan naar een romantische film.)

Praatjes maken:

8. Richting

▪ **Oefening 1:** *(Waar is ....?)*

Huiswerk: Bekijk de plattegrond en zoek nieuwe woorden op.

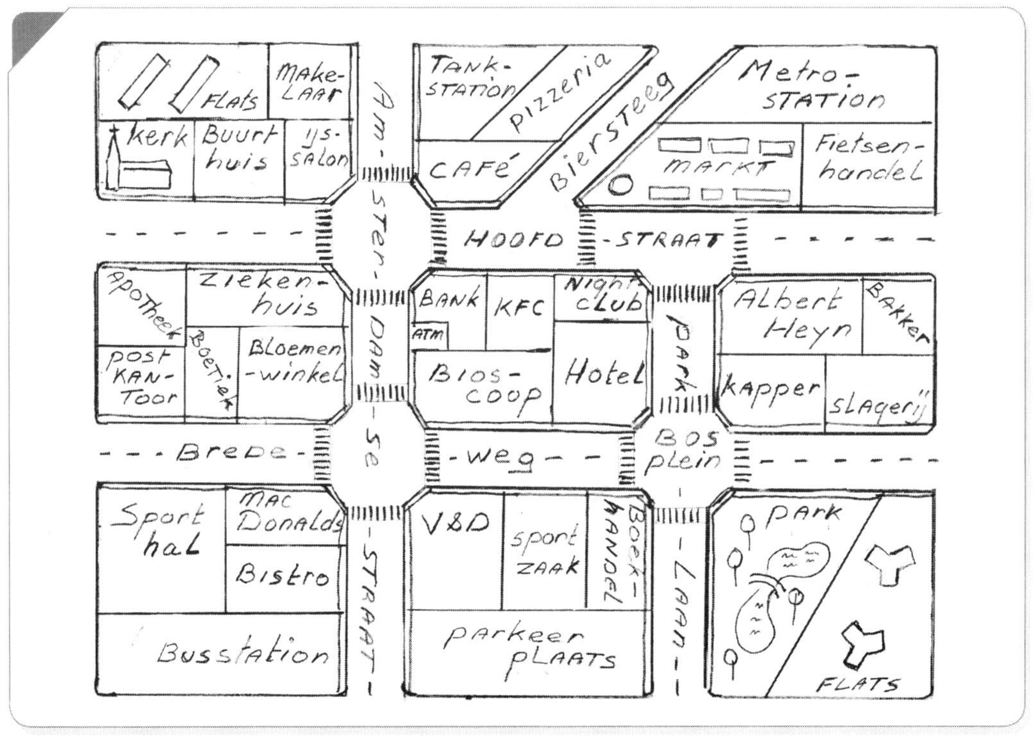

Voorbeeld:	Waar is de bakker?	Die is naast de Albert Heyn.
	In welke straat is de bioscoop?	Die is op de Bredeweg.
	Wat is er naast de V&D?	Daar is een sportzaak.
	Is het café tegenover het ziekenhuis?	Nee, tegenover de bank.
	Is er ook een kerk?	Ja, die is in de hoofdstraat, tegenover de apotheek.

Werk in tweetallen: Vraag aan elkaar waar de dingen zich bevinden.
Vertel zo veel mogelijk gegevens.

** Praten over reizen en vervoer

Huiswerk: Lees de vragen goed door en bedenk wat je antwoord zal zijn.
Zoek woorden die je nog niet kent vóór de les op.
Bedenk nog meer vragen........

Groepswerk: Gebruik de vragen om korte gesprekjes met elkaar te beginnen.

Fiets je vaak? Hoe vaak?
Heb je een eigen fiets? Waar gebruik je die voor?
Loop of fiets je naar school? Hoe lang doe je daar over?
Met welke metrolijn kom je naar school?
Als je met de metro naar school gaat, moet je dan overstappen? Naar welke lijn?
Hoelang moet je reizen om op school te komen?
Hoeveel geld besteed je per dag aan reizen?
Reis je liever met de bus of met de metro in Seoul?
Reis je liever met de bus dan de trein op een lange reis?
Reis je vaak met de buurtbus? Elke dag?
Ben je wel eens gezakt voor het rijexamen? Heb je een rijbewijs?
Heb je een eigen auto?
Huur je wel eens een auto?
Heb je wel eens achterop een motor gezeten?
Heb je wel eens een boete gehad in het verkeer?
Welk merk auto rijdt je vader?
____ ?
____ ?
____ ?
____ ?
____ ?

- **Oefening 2:** *(Is er hier...?)*

STUDENT A

Voorbeeld: Hallo, ik ken de stad niet goed.

Is er hier een postkantoor? - Ja hoor, dat is in de "........straat".

Waar precies? - Op de hoek van ..... / Naast de ....

Werk in tweetallen: Student A werk op deze bladzijde.

Student B werkt op de volgende bladzijde.

Kijk naar jouw tekening. Je staat bij het kruisje.

Vraag je partner naar: een café / een postkantoor

een bank / een boekhandel

Schrijf de antwoorden in jouw tekening.

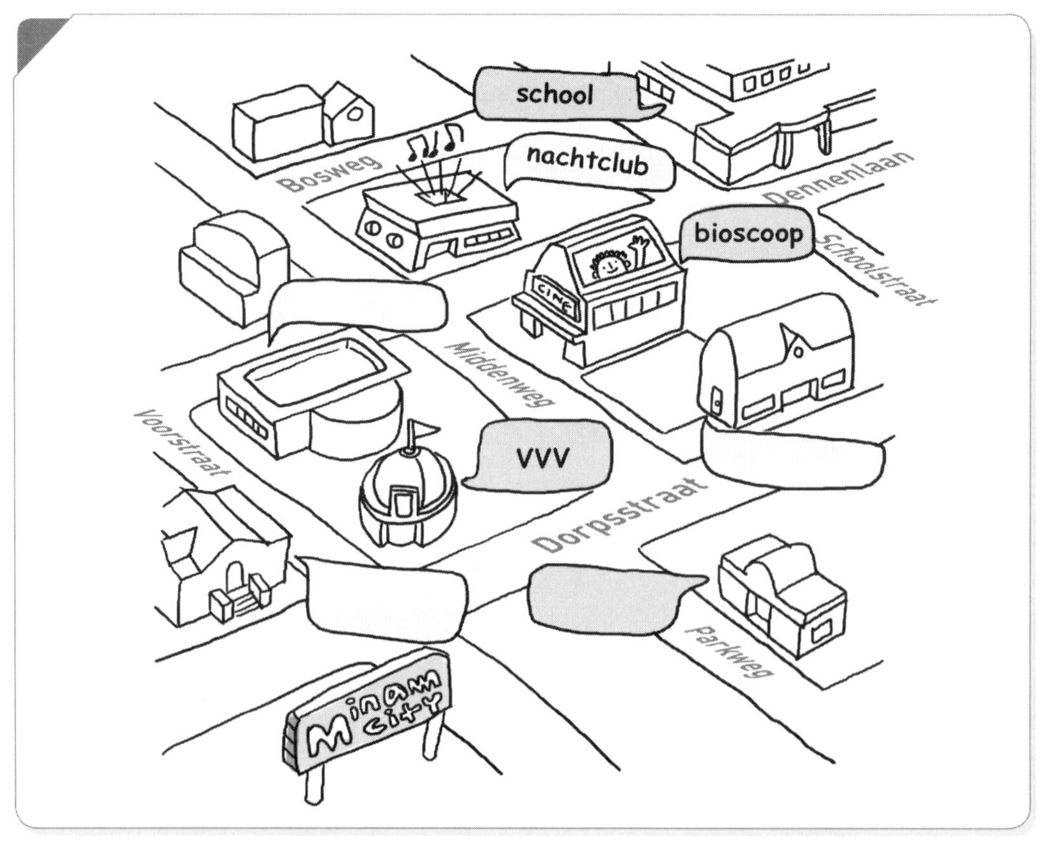

- **Oefening 2:** *(Is er hier...?)*

STUDENT B

Voorbeeld: Hallo, ik ken de stad niet goed.

Is er hier een postkantoor? - Ja hoor, dat is in de "........straat".

Waar precies? - Op de hoek van ..... / Naast de ....

Werk in tweetallen: Student B werk op deze bladzijde.

Student A werkt op de vorige bladzijde.

Kijk naar jouw tekening. Je staat bij het kruisje.

Vraag je partner naar: een school / een bioscoop

een nachtclub / een VVV

Schrijf de antwoorden in jouw tekening.

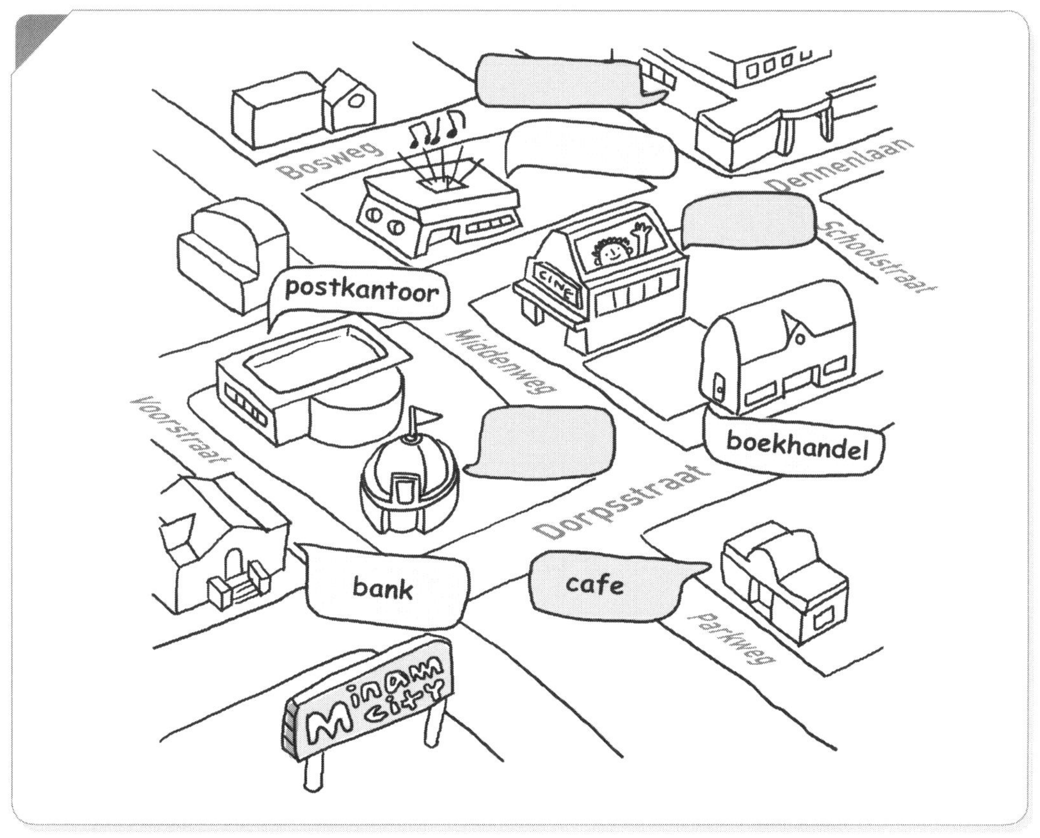

▪ Oefening 3: *(De weg vragen ......)*

Gebruik weer het plaatje van oefening 1.

Voorbeeld: Waar is de bakker?
Weet u misschien waar de kerk is?
Ik zoek de pizzeria, weet u waar die is?
Hoe kom ik bij het postkantoor?
Is het vlakbij?

hier / daar
links af / naar links
rechts af / naar rechts
aan de linker- / rechterkant
rechtdoor / terug
vlakbij / ver weg
naast / tegenover
om de hoek

U / je gaat	naar links / rechts
	(alsmaar) rechtdoor
	de 1e straat rechts
U / je komt	langs de bank / ......
	bij een kruispunt ....
U / je loopt	door de parklaan
	over de brug
	langs de Macdonalds

Werk in tweetallen: Stel om de beurt vragen.
Eerst vertel je waar je bent ..... *(Ik sta nu bij / voor de KFC.)*
Vervolgens vraag je de weg.
Daarna vertelt je partner hoe je het beste kunt lopen.
Vertel veel details. *(Wat je tegenkomt. / Waar je oversteekt.)*
Tenslotte wissel je van rol.

*

- **Oefening 4:** *(Mijn omgeving)*

Huiswerk: Bedenk 2 plaatsen in de buurt van je eigen huis.

Groepswerk: Vertel om de beurt aan de andere studenten hoe ze het beste vanaf die plaatsen naar jouw huis kunnen lopen.

(Teken hier de omgeving van jouw huis.)

** Praten over thuis en de buren

Huiswerk: Lees de vragen goed door en bedenk wat je antwoord zal zijn.
Zoek woorden die je nog niet kent vóór de les op.
Bedenk nog meer vragen........

Groepswerk: Gebruik de vragen om korte gesprekjes met elkaar te beginnen.

Ben je lid van een sportclub in de buurt?
Doe je veel werk in het huis?
Heb je veel rotzooi op het balkon staan?
Heb je thuis een eigen studeerkamer?
Heb je buren die ruzie maken of vechten? Hoor je dat wel eens?
Heb je buren die veel lawaai maken?
Ken je de politie in de omgeving?
Is er een metrostation in de buurt van jouw huis?
Woon je vlakbij een bekend fastfoodrestaurant? Welk?
Zit iedereen thuis op de vloer als jullie eten?
Slaap je op de grond of heb je een eigen bed?
Ken je veel mensen in jouw buurt? Weet je wie er naast je woont?
Hoe kom je dagelijks naar school? Vertel de hele route!
Ga je wel eens naar een wasserij?
Leen of lees je boeken uit een lokale bibliotheek?
Heeft jouw kamer een mooi uitzicht? Wat zie je?
Hoe vaak maak je je kamer schoon? Doe je dat eigenlijk zelf?
Eet je vaak buitenshuis? Alleen of met familie?
Laat je vaak eten thuisbezorgen?
Hoor je wel eens de huisdieren van de buren?
Op welke verdieping / etage woon je?

Wie staat 's morgens het eerste op van jouw familie?

Wie kijkt het meest TV in de familie?

____ ?

____ ?

____ ?

____ ?

Praatjes maken:

9. Thuis en vroeger

▪ **Oefening 1:** *(In het huis......)*

Huiswerk: Bekijk het plaatje van het huis goed. Er staan veel dingen in het huis. Zoek de Nederlandse namen van deze dingen vóór de les op.

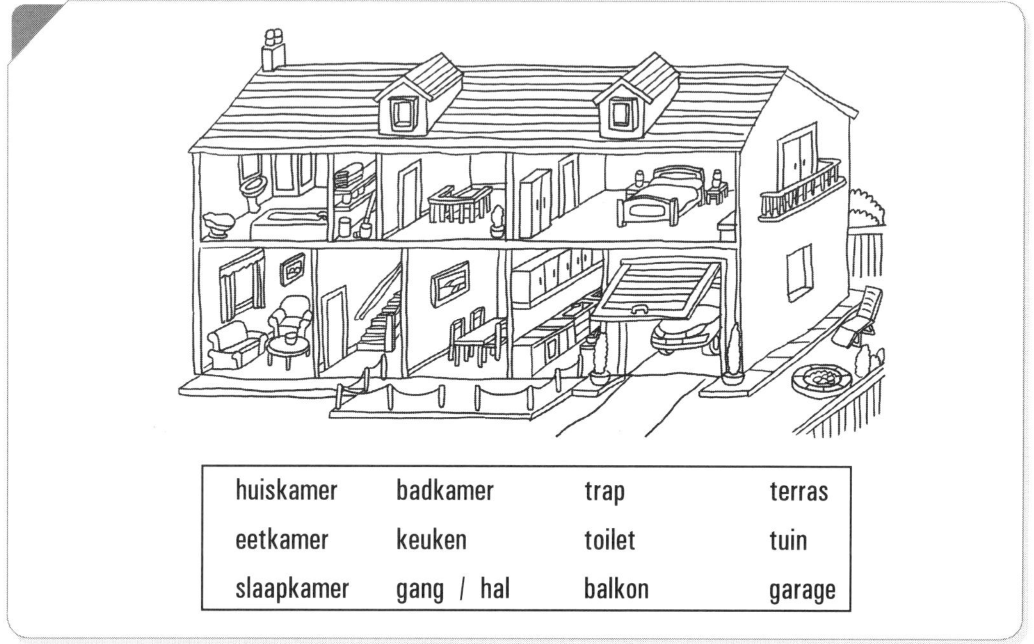

huiskamer	badkamer	trap	terras
eetkamer	keuken	toilet	tuin
slaapkamer	gang / hal	balkon	garage

Voorbeeld: Er is een eetkamer in het huis. Die is op de begane grond naast de gang. Het is een kleine kamer.
Er staat een tafel met 4 stoelen.
Er hangt ook een schilderij aan de muur.

Werk in tweetallen: Beschrijf om de beurt een van de kamers in dit huis.
Waar is de kamer. Vertel welke dingen er in de kamer zijn.
Je mag ook je mening geven. *(De kamer is klein.)*

▪ Oefening 2: *(Mijn droomhuis......)*

Huiswerk: Bedenk voor de les hoe jouw droomhuis eruit moet zien.
Wat voor soort huis? Waar moet het zijn? Hoe is het uitzicht?
Hoe groot moet het zijn en hoeveel kamers moet het hebben?
Hoeveel verdiepingen? Wat wil je in de kamers hebben?
Schrijf alles hieronder op.

Ken je mijn droomhuis al?

Werk in tweetallen: Praat over jouw droomhuis. Je partner kan vragen stellen als hij nog meer wil weten over jouw huis.
Vertel zoveel mogelijk details en je kunt in de klas nog meer erbij verzinnen. Wees vooral creatief!

Mijn "Droomhuis"

Het huis van de familie Stastok. Uit de "Camera Obscura" van Hildebrand.

- **Oefening 3**: *(Hetzelfde huis..?)*

STUDENT A

Huiswerk: Kijk heel goed naar de tekening en maak aantekeningen.

Wat zie je? Welke dingen zijn er in de kamers.

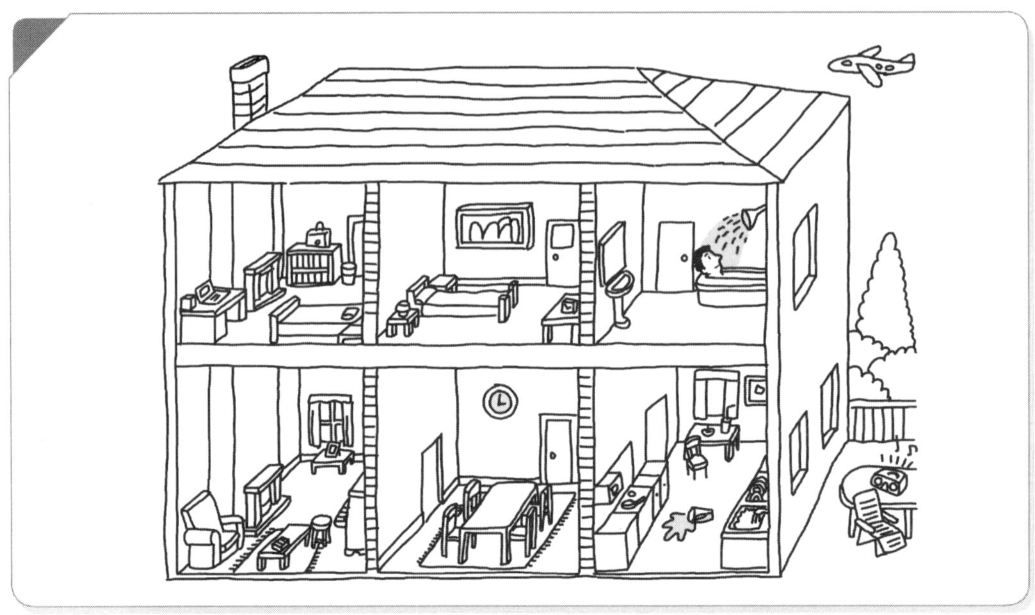

Werk in tweetallen: Student A kijkt op deze bladzijde.

Student B kijkt op de volgende bladzijde.

Er zijn kleine verschillen tussen de tekeningen. Vertel je partner precies wat er in de kamers te zien is. Daarna wissel je van beurt. Luister heel goed naar elkaar en maak aantekeningen. Schrijf de verschillen op en vergelijk jullie antwoorden.

Hoeveel .... ? Waar is / Waar zijn ...? Wie is er in ...? Wat is er naast / op ..?

____

____

____

____

____

▪ Oefening 3: *(Hetzelfde huis..?)*

STUDENT B

Huiswerk: Kijk heel goed naar de tekening en maak aantekeningen.

Wat zie je? Welke dingen zijn er in de kamers.

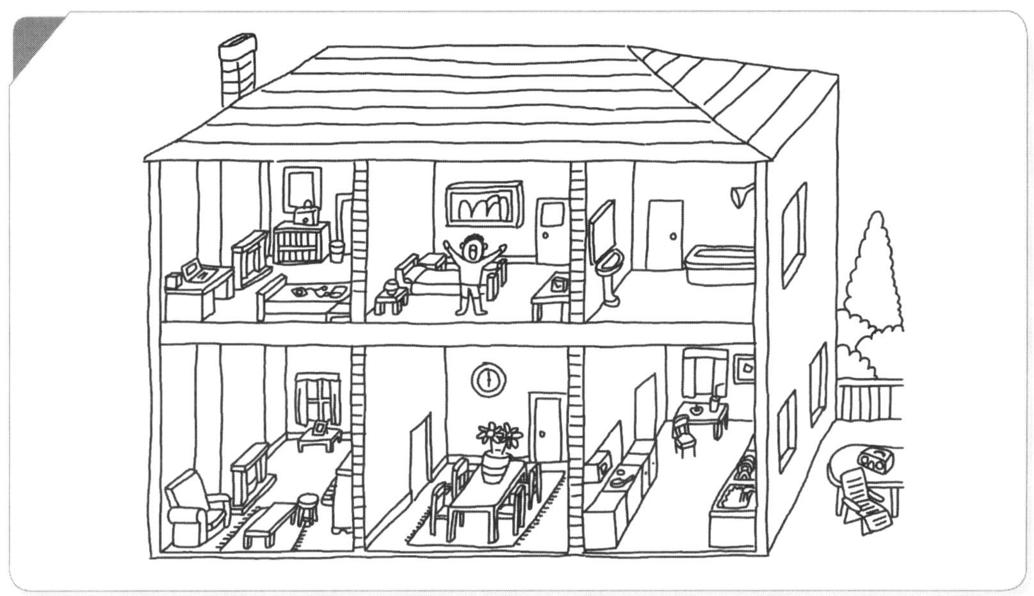

Werk in tweetallen: Student B kijkt op deze bladzijde.

Student A kijkt op de vorige bladzijde.

Er zijn kleine verschillen tussen de tekeningen. Vertel je partner precies wat er in de kamers te zien is. Daarna wissel je van beurt. Luister heel goed naar elkaar en maak aantekeningen. Schrijf de verschillen op en vergelijk jullie antwoorden.

Hoeveel .... ? Waar is / Waar zijn ...? Wie is er in ...? Wat is er naast / op ..?

____

____

____

____

____

▪ **Oefening 4:** *(Waar woonde je vroeger....?)*

Huiswerk: Lees thuis de vragen uit het voorbeeld en vul de "ik" kolom in.
Bedenk zelf nog meer vragen voor in de groep.

Voorbeeld: Waar woonde je toen je klein was?

Woonde je in een stad / een buitenwijk / op het platteland?

Woonde je in een flat of een huis?

Hoeveel kamers hadden jullie?

Welke dingen waren er in jouw kamer?

Was je kamer leuk?

_______________________?

Hoe groot was jouw familie?

Had je een eigen kamer?

Had je een bureau?

Wat deed je op je kamer?

_______________________?

In de kamer van Vincent van Gogh stond een groot eenpersoonsbed. Er waren 2 stoelen en een kleine tafel. Er hingen natuurlijk veel schilderijen aan de muur en ook een spiegel.

Groepswerk: Stel vragen aan 2 andere studenten en schrijf de antwoorden op.

IK	Student 1	Student 2

▪ **Oefening 5:** *(Praten over vroeger..)*

Huiswerk: Lees de opdracht en bedenk thuis vragen die je kunt stellen aan de andere studenten. Schrijf ze onder de situaties in de tabel.

Voorbeeld: Had je vroeger een hond? Woonde je in een huis of een flat?
Deed je veel aan sport? Hoe vaak deed je dat?

In de klas: Stel vragen en ga op zoek: - naar een student die vroeger ....
- naar een student van wie ....

Als je iemand vindt schrijf je zijn naam bij de juiste situatie.

- een even groot gezin had als jij.	- de vader en moeder allebei werkten.
(*Hoe groot was jullie gezin vroeger?*)	
- dezelfde hobbies had.	- een opa of oma in het gezin woonde.
- elke week zakgeld kreeg.	- een grote verzameling had.
- vaak ziek was.	- fanatiek aan sport deed.
- altijd naar school fietste.	- nooit naar de tandarts wilde gaan.
- als kind hoogtevrees had	- vaak naar de MacDonalds ging.
- een heel leuk huisdier had.	- vroeger veel TV keek.
- veel ruzie maakte met anderen.	- op de derde verdieping woonde.
- al heel vroeg een vriend(innet)je had.	- een muziekinstrument speelde.
- niet van pizza hield.	- wel eens spijbelde.
- nooit te laat kwam.	- de beste van de school was.
- hetzelfde eten niet lustte als jij.	- bang voor katten was.
- veel boeken las.	- veel huilde.

- **Oefening 6:** *(Toen ik jong was........)*

Huiswerk: Beantwoord de vragen uit de eerste tabel.

Schrijf een of twee dingen op die je.....

- goed kon of goed deed.		
- niet / nooit mocht doen.		
- niet wilde, maar moest doen.		
- graag wilde, maar niet kon doen. - wel wilde, maar niet durfde te doen.		
- zou gaan doen, maar niet hebt gedaan.		

Vroeger kon mijn oma hele lekkere poffertjes bakken. Een lekkernij!!

Werk in tweetallen: Vraag je partner wat zij / hij vroeger ....

- goed kon of deed.		
- niet / nooit mocht doen.		
- niet wilde, maar moest doen.		
- graag wilde, maar niet kon doen. - wel wilde, maar niet durfde te doen.		
- zou gaan doen, maar niet heeft gedaan.		

** Praten over verjaardagen en feestdagen

Huiswerk: Lees de vragen goed door en bedenk wat je antwoord zal zijn.
Zoek woorden die je nog niet kent vóór de les op.
Bedenk nog meer vragen........

Groepswerk: Gebruik de vragen om korte gesprekjes met elkaar te beginnen.

Wanneer ben je jarig? Wat doe je altijd op je verjaardag?
Vind je verjaardagen belangrijk? Waarom?
Wat is de allereerste verjaardag die je je kunt herinneren?
Heb je al eens een 1e verjaardag meegemaakt? Van wie was dat?
Wil je cadeautjes of geld voor je verjaardag?
Heb je ooit een cadeaubon gekregen? Van wie? Wat heb je ermee gekocht?
Wat is het mooiste cadeau dat je ooit hebt gekregen met je verjaardag?
Heb je wel eens een cadeautje gehad op Valentijnsdag? Wat was dat?
Geef je zelf vaak cadeautjes?
Hoeveel besteed je normaal aan cadeautjes?
Hoeveel kostte het duurste cadeautje dat je ooit voor iemand hebt gekocht?
Vergeet jij wel eens een verjaardag? Wat doe je dan later?
Blijf je altijd erg lang op feestjes? Ga je wel eens als laatste weg?
Ben je wel eens naar een gekostumeerd feest gegaan? Wat was jouw kostuum?
Ben je al eens op een trouwfeest geweest? Van wie?
Ben je wel eens naar een internationaal concert geweest? Welk?
Ben je dit jaar al naar een eindexamenfeest geweest?
Ga je regelmatig naar feestjes?
Wat is je favoriete feestdag?
Vieren jullie thuis met de familie het kerstfeest?
Wat doet je familie met Chusok? En wat doen jullie met Seollal?

Ga je met Chusok altijd naar je familie of doe je wel eens iets anders?

____ ?

____ ?

____ ?

____ ?

____ ?

Praatjes maken:

10. Het weer

▪ **Oefening 1:** *(Het weerbericht ....)*

Huiswerk: Ga op het internet naar www.weeronline.nl.

In het zoekveld <Het weer in> typ je "Nederland".

Je ziet nu een kort verhaaltje over het weer in Nederland.

Zoek nieuwe woorden op in het woordenboek.

> *Vandaag is er in het westen van het land de meeste zon. In het oosten en zuiden zijn er vanmiddag veel stapelwolken. Af en toe laat de zon zich zien, maar er is ook kans op een lichte bui. Morgen is er in de middag veel bewolking en is er kans op een stevige onweersbui vanuit het zuidwesten.*

Voorbeeld: Student 1: "Vandaag is er in het westen de meeste zon".

Reacties: Er is zon! / Het is lekker warm. / Het is droog. /
Het is zonnig. / Ik draag geen jas vandaag.
Gaat het niet regenen? / Komen er geen wolken?
Moet ik een paraplu meenemen?
Gelukkig is er geen wind!

Groepswerk: Een student uit de groep leest een zin voor uit het weerbericht.
De andere studenten reageren en vullen aan.
Probeer zo veel mogelijk reacties te geven en ook vragen te stellen.
Daarna leest de volgende student een zin voor uit het weerbericht.

zon	vorst	zonnig	nat	zonder jas
regen	wind	heet	vochtig	regenjas
motregen	storm	warm	regenachtig	winterjas
sneeuw	onweer	droog	fris	paraplu
hagel	wolken	bewolkt	koud	zonnebril

▪ Oefening 2: *(Wat doe je als het regent....?)*

Huiswerk: Maak de tabel af met verschillende weertypes.
Schrijf in de "ik" kolom wat je vroeger deed of moest doen.

Voorbeeld: Als de zon scheen, speelde ik altijd buiten.
Als het fris was, moest ik een jas aantrekken.

Groepswerk: Vraag de andere groepsleden wat ze vroeger deden of wat ze moesten doen als het regende, stormde, etc.

Weertype	Ik	Student 1	Student 2
Zon (schijnen)			
Regen (regenen)			
Wind (waaien)			
Sneeuw (sneeuwen)			
IJs (vriezen)			
Storm (stormen)			
- ?			
- ?			
- ?			

* ▪ Oefening 3: *(Wat een weer was het toen ....!)*

Voorbeeld: Toen ik 14 jaar oud was, gingen we wandelen in de bergen. Het begon heel hard te onweren. Daarom gingen we snel naar huis.

Groepswerk: Heb je wel eens extreem weer meegemaakt?
Vertel een spannend of mooi verhaaltje. Wees expressief!!
Wat gebeurde er toen? Wat heb je gedaan? Hoe liep het af?

11. Gezondheid

▪ **Oefening 1:** *(Lichamelijke problemen....)*

Huiswerk: Vul de tabel thuis verder in. In kolom I schrijf je lichaamsdelen. In kolom II vul je woorden in die aangeven dat er iets niet in orde is met het lichaamsdeel van kolom I.

Lichaamsdeel	Probleem	Oplossing
Arm	Gebroken arm	
Maag	Maagkramp	
-	-	
-	-	
-	-	
-	-	
-	-	
-	-	

Voorbeeld: 1) Hallo Jaewon, hoe gaat het? - Niet zo goed, ik heb mijn arm gebroken.
Dat is vervelend, zeg! - Ja het doet behoorlijk pijn.
Wat heb je gedaan? - Ik ben naar het ziekenhuis gegaan.
En nu? - (Gips...... / 3 weken / niet gebruiken / etc.)

2) Hoe gaat het met je zus? - Ze had gisteren last van maagkramp.
Was het ernstig? - Nee, niet zo. Ze heeft medicijnen gekregen.
Is het nu over? - Ja, maar (eten / rust houden /....etc.)

Werk in tweetallen: Vergelijk met je partner wat je thuis hebt ingevuld.
Bedenk samen oplossingen die je in kolom III schrijft.

Groepswerk: Vraag hoe het gaat en vertel wat er aan de hand is.
Maak korte gesprekjes en wissel daarna van rol.
Alle studenten van de groep mogen zich mengen in het gesprek en commentaar geven of vragen stellen.

- **Oefening 2:** *(Ziek zijn als excuus....)*

Huiswerk:

Als je ziek bent kun je soms iets niet doen of je wordt juist ziek omdat je iets verkeerds gedaan hebt.
Bedenk thuis een aantal oorzaken van ziek zijn en ook een aantal dingen die je niet kunt doen als je ziek bent.

Voorbeeld: Waarom heeft ze haar huiswerk niet gemaakt?

- Ze had gisteren veel hoofdpijn. Daarom kon ze niet studeren.

Je was gisteren niet in de les. Hoe kwam dat?

- Omdat ik ziek was, ben ik thuis gebleven.

Waarom eet u zoveel?

- Ik kon vanmorgen niet ontbijten want ik had buikkramp.

Waarom is hij ziek?

- Hij is ziek en misselijk omdat hij gisteren te veel gegeten heeft.

Groepswerk: Stel vragen aan elkaar; waarom iemand iets niet heeft gedaan of waarom iemand ziek (geworden) is.

Probeer zo orgineel mogelijke vragen te stellen en zo origineel mogelijke antwoorden te geven.

Waarom draag je geen korte broek?

Ik was gisteren verkouden en ik wil morgen beter zijn voor de zwemwedstrijden.

** Praten over ziek zijn

Huiswerk: Lees de vragen goed door en bedenk wat je antwoord zal zijn.

Zoek woorden die je nog niet kent vóór de les op.

Bedenk nog meer vragen........

Groepswerk: Gebruik de vragen om korte gesprekjes met elkaar te beginnen.

Ben je vlug verkouden? Wat doe je daar tegen?

Ben je vaak ziek? Hoe vaak? Hoe komt dat?

Heb je wel eens antibiotica gekregen? Waarom was dat?

Heb je ergens een lidteken? Waar zit dat?

Neem je elke dag extra vitaminen?

Draag je een bril of contactlenzen? Draag je die al lang?

Gebruikt jouw familie traditionele Koreaanse medicijnen?

Wanneer ben je voor het laatst bij de tandarts geweest?

Ben je wel eens zee- of autoziek geworden?

Heb je je wel eens gebrand? Was het ernstig?

Heb je wel eens in het ziekenhuis gelegen? Waarvoor was dat?

Ben je wel eens ernstig gewond geweest? Hoe kwam dat?

Heb je wel eens iets gebroken? Wat heb je toen gebroken?

Ben je wel eens dronken geweest? Heb je toen overgegeven?

Ben je wel een flauwgevallen?

Ben je wel eens geopereerd?

Heb je wel eens hechtingen gehad? Hoe kwam dat?

Heb je een beugel voor je tanden gedragen? Wanneer?

Wat is jouw bloedgroep?

Ben je allergisch? Waarvoor ben je allergisch?

Moet je op je gewicht letten?

Rookt er iemand in jullie familie?

Heb je wel eens aan kosmetische chirurgie gedacht?

Ben je altijd gelukkig?

______________________________ ?

______________________________ ?

______________________________ ?

______________________________ ?

______________________________ ?

▪ Oefening 3: *(Wat kun je doen...?)*

Huiswerk: Bedenk thuis wat je kunt doen om gezond te blijven.
Schrijf twee manieren in de tabel.

Voorbeeld: Eet minder, als je vaak buikpijn hebt!
Beweeg regelmatig om geen rugpijn te krijgen!
Drink niet te veel! Dan voel je je vlug beter.
Stop met roken want dan hoest je minder!

Probleem	1	2
- altijd verkouden		
- vaak moe		
- meestal een zere keel		
- regelmatig hoofdpijn		
- kan soms niet slapen		
- af en toe de griep		
- ?		
- ?		
- ?		

Werk in tweetallen: Bespreek en vergelijk jullie oplossingen.
Wat is het beste om te doen? Zijn er nog meer manieren om gezond te blijven? Wat moet je wel en niet doen?

Groepswerk: Vergelijk met een ander tweetal de manieren om beter te worden.

▪ Oefening 4: *(Meer bewegen....!)*

Huiswerk: Beweeg je voldoende om fit te blijven?

Vul de "Ik" kolom van de tabel in. Bedenk ook vragen.

Door regelmatig aan sport te doen blijf je gezond. Het is nog leuk om te doen ook. Je moet dan wel elke dag actief zijn. Je kunt natuurlijk naar een sportclub gaan, maar ook regelmatig een wandeling maken in het park of op de fiets gaan om boodschappen te doen. Dat is een goede en makkelijke manier om in conditie te blijven.

Activiteit	Ik (wanneer?/hoe vaak?/met wie?)	Partner (-..........-)
Fitness club		
(Berg)wandelen		
Naar school lopen		
Fietsen		
Hardlopen/Joggen		
Zwemmen		
Dansen		
(Tafel)tennis		
Ochtend workout		
Actief in huis en tuin		
- ?		
- ?		

Voorbeeld: Wat doe jij om gezond / fit te blijven?

- Om fit te blijven ga ik elke dag lopend naar school.

Sport je vaak? Hoe blijf jij fit?

- Op maandagavond ga ik een uur naar de sportclub.

Heb je wel genoeg beweging?

- O ja hoor! Ik wandel veel in de bergen en op zaterdagochtend ga ik altijd zwemmen met een vriendin.

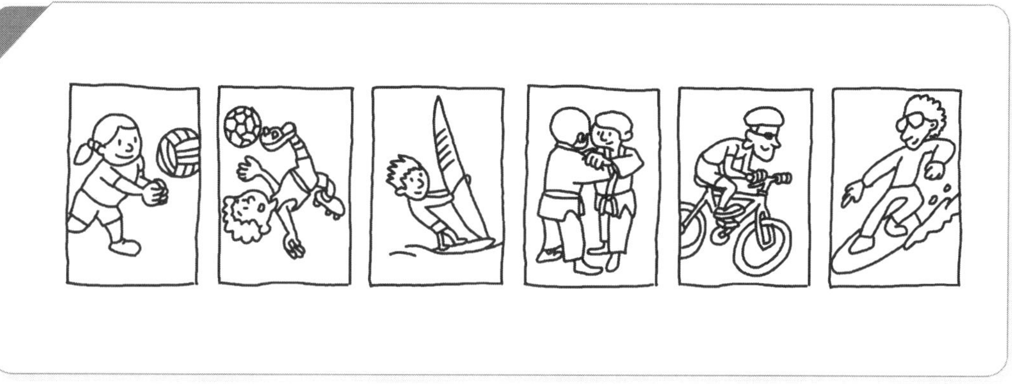

Groepswerk: Bespreek wat jullie doen om gezond en fit te blijven.

Vertel wat je doet, waar, hoe lang, met wie, etc.

** Praten over sport

Huiswerk: Lees de vragen goed door en bedenk wat je antwoord zal zijn.

Zoek woorden die je nog niet kent vóór de les op.

Bedenk nog meer vragen........

Groepswerk: Gebruik de vragen om korte gesprekjes met elkaar te beginnen.

Houd je van sport? Van welke sporten houd je het meest?

Ben je goed in sport? Doe je je hele leven al aan sport?

Hoe vaak sport je per week? Per maand?

Ben je lid van een sportvereniging? Wat voor vereniging?

Ga je elke dag naar de sportclub?

Wanneer heb je voor het laatst gesport?

Sport je om gezond te blijven of om af te vallen?

Ben je een goede zwemmer?

Ben je bang voor diep water?

Ga je soms fietsen? Waar fiets je dan?

Heb je wel eens geskied? Wanneer was dat? Ga je elk jaar?

Ga je vaak joggen? Alleen, of met iemand anders?

Houd je van bergwandelen? Doe je dat vaak?

Speel je wel eens badminton? Met wie en waar doe je dat?

Kun je goed tennissen? Wanneer heb je dat geleerd?

Doe je aan een teamsport? Welke sport is dat?

Doen jouw familieleden aan sport? Wie doen er aan sport?

Ga je wel eens voetballen? Met wie doe je dat? Waar doe je dat?

Doe je aan taekwondo? Hoe lang doe je dat al?

Wat is je favoriete sportclub? Wie is je favoriete topsporter?

Heb je wel eens een prijs gewonnen bij het sporten?

Naar welke sport kijk je het liefst op de TV?

Heb je al eens aan een vechtsport gedaan?

Heb je wel eens een blessure opgelopen tijdens het sporten?

Als je een olympische kampioen zou kunnen zijn, met welke sport zou dat zijn?

______________________________ ?

______________________________ ?

______________________________ ?

______________________________ ?

______________________________ ?

12. Eten

▪ **Oefening 1:** *(Dat is lekker...!)*

Huiswerk: Bedenk thuis welk eten jij lekker vindt en welk eten niet.
Schrijf dit in de tabel. Het mag Koreaans en westers eten zijn.

Ik		Student I		Student II	
Lekker	Niet lekker	Lekker	Niet lekker	Lekker	Niet lekker

Voorbeeld: Wat eet je graag? - Ik hou van aardbeien.

Houd je van fruit? - Ik vind appels heerlijk!

Wat vind jij lekker? - Ik lust graag chocolade.

Wat vind je niet lekker? - Ik vind spruitjes vies!

Waar houd je niet van? - Ik lust geen kimchi.

(houden van / lusten / lekker vinden / heerlijk vinden / vies vinden)

Werk in een groep: Vertel elkaar wat je graag lust en wat je niet lekker vindt.

Heb je er een reden voor?

Zijn er algemene dingen waar je niet van houdt?

(zout / zuur / zoet / vet / groente / insecten / etc.)

Oefening 2: *(Favoriete snacks, wie houdt het meest van ....?)*

Huiswerk: Bedenk thuis wat je favoriete eten of snack is.

Wat lustte je vroeger niet en vind je nu lekkerder?

Wat eet je nu het meest? Waar hield je vroeger het meeste van?

Voorbeeld: Ik eet graag rijst.

Nog liever eet ik noedels.

Het liefst eet ik .... !

Houdt ze veel van kip?

Houdt hij meer van vlees?

Houd jij het meest van ....?

Mijn vader drinkt weinig melk.

Mijn broer drinkt minder melk.

Mijn ...... drinkt het minste melk.

Vind je fruit lekker?

Of vind je groente lekkerder?

En wat vind je het lekkerst?

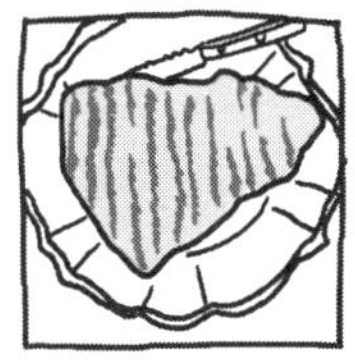

Groepswerk: Praat samen over jullie favoriete eten, snacks of gerechten.
Zijn er personen in je familie die speciale dingen lekker vinden.
Vergelijk met elkaar hoe lekker je het vindt?

melk	zout
brood	suiker
water	kaas
wijn	vlees
fruit	vis
groente	rijst
koffie	soep
thee	ijs

veel - meer - meest
weinig - minder - minst
graag - liever - liefst
lekker - lekkerder - lekkerst
vies - viezer - viest
________ - ________ - ________
________ - ________ - ________
________ - ________ - ________

▪ **Oefening 3:** *(Zullen we iets eten / bestellen ....?*

Huiswerk: Bekijk de tabel goed en zoek nieuwe woorden op.
Heb je zin om iets te eten? Maak vast een keuze.

Voorbeeld:	
Heb je honger?	- Ja, ik heb nog niet gegeten.
Wil je iets eten?	- Nee, ik heb geen honger.
Zullen we iets drinken?	- Laten we koffie drinken.

Wat wil je eten?	- Doe (mij) maar een bal gehakt.
Lust je nu een broodje?	- Ja graag, ik heb best wel trek.
Wil je een ijsje?	- Nee, het is nog veel te koud.

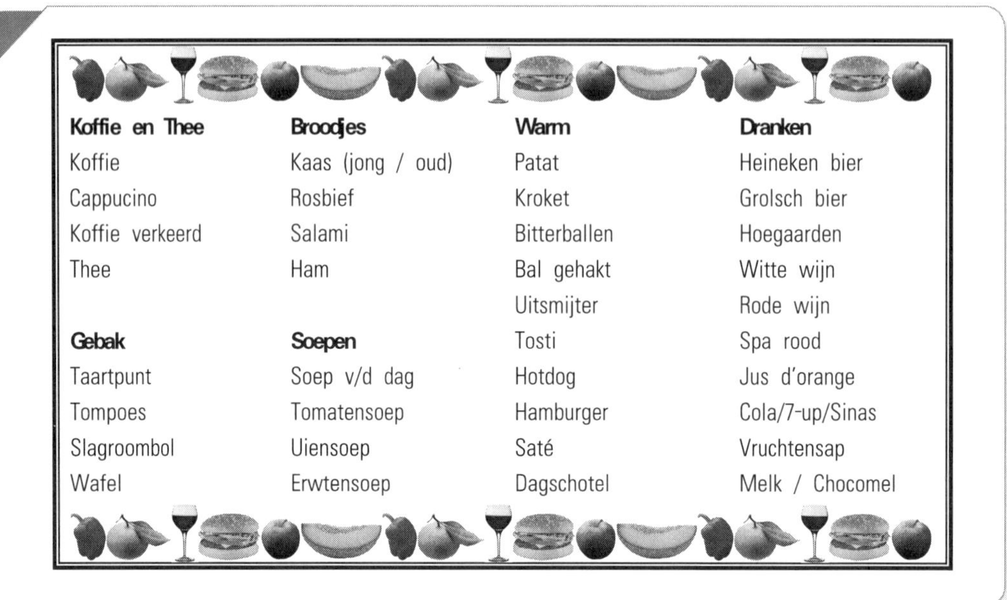

Koffie en Thee	**Broodjes**	**Warm**	**Dranken**
Koffie	Kaas (jong / oud)	Patat	Heineken bier
Cappucino	Rosbief	Kroket	Grolsch bier
Koffie verkeerd	Salami	Bitterballen	Hoegaarden
Thee	Ham	Bal gehakt	Witte wijn
		Uitsmijter	Rode wijn
Gebak	**Soepen**	Tosti	Spa rood
Taartpunt	Soep v/d dag	Hotdog	Jus d'orange
Tompoes	Tomatensoep	Hamburger	Cola/7-up/Sinas
Slagroombol	Uiensoep	Saté	Vruchtensap
Wafel	Erwtensoep	Dagschotel	Melk / Chocomel

Groepswerk: 1) Vraag eerst aan elkaar wat je wilt eten en geef antwoord. Gebruik daarbij het bovenstaande Nederlandse menu. Zeg wat je lekker vindt.

2) Een student is de "ober" en de anderen bestellen bij hem. Hieronder vind je zinnen die je kunt gebruiken.

Wat kan ik voor u doen? *Doet u (mij) maar....* *Dat was het?*

Ik wil graag betalen. *Wat neem jij?* *15 euro bij elkaar.*

Heeft het gesmaakt? *Alstublieft!* *Dank u wel!* *Zegt u het maar!*

Wilt u nog iets drinken? *Laat maar zitten.* *Eet smakelijk!*

Hebt u een keuze gemaakt? *Ik neem ....* *Ik kom zo bij u.*

▪ Oefening 4: *(Eetgewoontes.....)*

Huiswerk: Vul de tabel in.

Eetgewoontes	Ontbijt	Middageten	Avondeten
Hoe laat eet je?			
Wat eet je meestal?			
Wat eet je nooit?			
Wat drink je?			
Waar eet je?			
Hoeveel eet je?			
Eet je veel fastfood?			
- ?			
- ?			

Werk in tweetallen: Vraag en vertel aan elkaar wat je per dag gewoonlijk eet. Bespreek ook met elkaar of dat genoeg, te weinig en of het gezond is. Kun je elkaar ook advies geven?

Hij moet meer groente eten. *Eet meer vlees!* *Eet gezond!*

Hij drinkt niet genoeg. *Hij eet best gezond.* *Niet te veel snoepen, hoor!*

In de klas: Stel je partner voor en vertel over zijn eetgewoontes. Geef daarna commentaar en advies.

*

Typisch Nederlands: ***Oliebollen*** */ Appelmoes / Beschuit met muisjes / Boerenjongens / Bossche bollen / Ontbijtkoek / Drop / Erwtensoep (Snert) / Hagelslag / Haring / Lekkerbekje / Pepernoten / Poffertjes / Speculaas / Stamppot / Stroopwafel / Tompoes / Vlaai*

Oliebollen? Waar komen die vandaan? Het oudste verhaal vertelt dat de Germanen in de Lage Landen rond de jaarwisseling veel in vet gebakken voedsel offerden. Daardoor werden de zwaarden van de boze godinnen zo vet dat ze van het lichaam afgleden en niemand konden verwonden. Volgens een ander verhaal werden ze gegeten door de christenen in de middeleeuwen na het vasten voor Kerstmis. In de winter was er geen vers voedsel, dus maakten ze voedzame oliebollen van houdbare stoffen. Het is ook mogelijk dat Joodse vluchtelingen in de 16e eeuw het recept meenamen. De olie verwijst dan naar de eeuwig brandende lamp in de tempel van Jerusalem. In Nederland eet iedereen ze met oudjaar en ze zijn erg lekker. (Zijn er in Korea ook speciale gerechten die je eet rond de jaarwisseling?)

** Praten over eten

Huiswerk: Lees de vragen goed door en bedenk wat je antwoord zal zijn.
Zoek woorden die je nog niet kent vóór de les op.
Bedenk nog meer vragen........

Groepswerk: Gebruik de vragen om korte gesprekjes met elkaar te beginnen.

Vind je alles lekker? Lust je alles?

Wat lust je absoluut niet?

Heb je vaak honger?

Houd je van Pizza? Welk westers eten vind je nog meer lekker?

Breng je je eigen lunch mee naar school? Maak je die zelf klaar?

Kan je goed koken? Wat kun je koken? Kook je Koreaans, aziatisch of westers eten?

Eet je wel eens het laatste stuk op?

Houd je van snoepjes? En koekjes?

Houd je van gebakken kip? Met bier?

Neem je altijd de tijd om te eten of ga je vaak naar een fastfoodrestaurant?

Ga je vaak naar de McDonalds? Hoeveel keer per week?

Houd je van "heet" eten?

Houd je van groenten of van vlees?

Eet je wel eens "Chinees"?

Houd je meer van rijst of meer van noedels?

Zit je op de vloer of op een stoel als je eet?

Vind je Bulgoki erg lekker?

Ben je nu op dieet? En... gaat het goed?

Ben je wel een ziek geworden van eten? Van welk eten?

Hoe vaak eet je buitenshuis? Waar ga je dan naartoe om te eten?

Eet je liever kimchi of een hamburger?

Ga je vaak naar een coffeeshop?

Eet je vaak een toetje? Wat dan?

____ ?

____ ?

____ ?

____ ?

____ ?

Praatjes maken:

13. Vakantie en reizen

▪ Oefening 1: *(Op vakantie .....)*

Huiswerk: Je bent natuurlijk al eens op reis geweest. Misschien ga je dit jaar een reis maken of wil je later een reis maken. En denk je soms wel eens aan een droomvakantie in de toekomst. Vul de tabellen in.

Voorbeeld:

Waar was je?
Waar ben je naartoe geweest?
Waar ga je naartoe?
Waar wil je naartoe gaan?
Waar zou je naar toe willen gaan?

Wat deed je?
Wat heb je gedaan?
Wat ga je doen?
Wat wil je gaan doen?
Wat zou je willen doen?

TABEL I *(Een vakantie in het verleden. Weet je het nog allemaal?)*

Eerdere vakanties	
Waar ben je geweest?	
Wanneer ben je gegaan?	
Hoelang ben je gebleven?	
Met wie ben je gegaan?	
Wat heb je gedaan?	
Wat heb je gezien?	
Wat vond je het leukst?	

TABEL II *(De volgende vakantie. Heb je alles al geregeld?)*

Komende vakantie	
Waar ga je naartoe?	
Wanneer ga je?	
Hoelang blijf je daar?	
Met wie ga je?	
Wat ga je doen?	
Wat ga je bekijken?	
Wat wordt het leukst?	

TABEL III *(Een vakantie later. Als je klaar bent met je studie.)*

Wens vakantie	
Waar wil je naartoe gaan?	
Wanneer wil je gaan?	
Hoelang wil je blijven?	
Met wie wil je gaan?	
Wat wil je gaan doen?	
Wat wil je gaan bekijken?	
Wat lijkt je het leukst?	

TABEL IV *(Je droomvakantie. Als je veel tijd en nog meer geld hebt!)*

Fantasie - of droomvakantie	
Waar zou je naartoe willen gaan?	
Wanneer zou je willen gaan?	
Hoelang zou je willen blijven?	
Met wie zou je willen gaan?	
Wat zou je willen gaan doen?	
Wat zou je willen gaan bekijken?	
Wat zou het leukste kunnen zijn?	

Groepswerk: Eerst praat je samen over vakanties en reizen die al geweest zijn.

Vertel uitgebreide verhalen en beschrijf wat er allemaal gebeurd is.
Maak er een spannend verhaal van want het was enorm leuk!

Daarna wissel je van groep en praat je over de komende vakantie.
Wat ga je doen? Heb je alles al voorbereid? Wie gaat er mee? etc.
Maak er een enthousiast verhaal van want je hebt er reuze zin in!

Tenslotte vertel je waar je graag heen zou willen gaan en wat je zou willen doen op latere reizen. Waarom wil je gaan? Heb je een speciale reden?
Maak er een fantastisch verhaal van want het is je droomreis!!

** Praten over reizen en vakantie

Huiswerk: Lees de vragen goed door en bedenk wat je antwoord zal zijn.
Zoek woorden die je nog niet kent vóór de les op.
Bedenk nog meer vragen........

Groepswerk: Gebruik de vragen om korte gesprekjes met elkaar te beginnen.

Ben je wel eens in China geweest?

Is je vakantie wel eens mislukt?

Heb je ooit een nieuwe vriend ontmoet tijdens een vakantie?

Raak je vlug de weg kwijt?

Ga je elk jaar naar dezelfde plaats op vakantie? Waar is dat?

Koop je souveniers op je vakantie?

Houd je van het strand of van sneeuw?

Met wie ga je liever op vakantie, familie of vrienden?

Neem je altijd veel mee op vakantie?

Ga je elk jaar op vakantie?

Ben je al in Amerika geweest?

Ben je ooit in Nederland geweest?

Heb je al eens gevlogen? Hoe vaak?

Ben je al in Europa geweest?

Ga je wel eens naar Japan?

Ga je wel eens op wintersport?

Ben je ooit verbrand door de zon?

Heb je de grens met Noord-Korea al een keer gezien?

Heb je hoogtevrees?

Ga je liever naar een camping of naar het Hilton?

Waar zou je het liefst heen willen gaan in de wereld?

Wat was je allerbeste vakantie ooit?

Wat was je allerslechtste vakantie ooit?

Heb je wel eens een jetlag gehad?

____ ?

____ ?

____ ?

____ ?

____ ?

14. Praatjes maken

** Praten over winkelen

Huiswerk: Lees de vragen goed door en bedenk wat je antwoord zal zijn.
Zoek woorden die je nog niet kent vóór de les op.
Bedenk nog meer vragen........

Groepswerk: Gebruik de vragen om korte gesprekjes met elkaar te beginnen.

Koop je soms iets op het internet? Wat koop je daar?

Ga je wel eens naar een warenhuis? Welk?

Houd je van winkelen?

Heb je veel gekleurde T-shirts? Hoeveel?

Draag je juwelen? Welke juwelen draag je?

Draag je vaak een spijkerbroek?

Heb je een net pak of een nette jurk? Heb je er meer dan een?

Draag je wel een een V-hals trui?

Hoeveel paar gymschoenen heb je?

Heb je wel eens iets geruild? Waarom heb je dat gedaan?

Hoeveel paar schoenen heb jij? Eerlijk zeggen!

Hoe vaak ga je winkelen per maand?

Wat is je favoriete kledingmerk? Of zijn er meer?

Wat is je lievelingskleur?

Heb je wel eens parfum op? Welk parfum?

Waar ga je het liefst winkelen? Waarom?

Koop je je kleding op de Dongdaemun markt?

Wat is de duurste kleding die je ooit hebt gekocht?

Met wie ga je het liefst winkelen? Waarom?

Wat is het grootste bedrag dat je ooit hebt uitgegeven bij het winkelen?

Ga je altijd afdingen als je iets koopt?

Heb je een creditcard?

Ga je wel een 's nachts naar de Dongdaemun of Namdeamun markt?

** Praten over televisie, radio en en media

Van welke TV programma's houd je het meest?
Kijk je op zaterdag en zondag tot 's avonds laat naar de TV?
Welke TV presentator of presentatrice vind je het leukst?
Naar welke TV-dramaserie kijk je het liefst. Mis je wel eens een aflevering?
Speel je altijd met de afstandsbediening? Zit je altijd te zappen?
Wie is thuis de baas over de TV?
Kun jij tegelijkertijd TV kijken en studeren of iets anders doen?
Welke komiek op de TV vind je het grappigst? In welk programma treedt hij op?
Welk TV programma vind je stom of vervelend?
Welke TV reclame vind je erg goed of grappig?
Ben je zelf wel eens op de TV geweest? Wanneer was dat? In welk programma?
Heb je een TV in je eigen slaapkamer?
Val je wel eens voor de TV in slaap?
Neem je wel eens TV programma's op op de video?
Lees je het nieuws in de krant of kijk je voor het nieuws op het internet?
Lees je regelmatig een krant? Hoeveel keer per week? Elke dag?
Lees je regelmatig een opinie-tijdschrif?
Heb je een abonnement op een krant of een tijdschrift? En je ouders?
Luister je vaak naar de radio? Waar luister je dan naar?
Welke muziek kan je niet uitstaan?
Heb je de radio altijd aan staan? Waarom?
Ben jij iemand die nooit naar de TV kijkt of nooit naar de radio luistert?
____ ?
____ ?
____ ?
____ ?
____ ?

** Praten over liefde en romantiek

Hoe hebben jouw ouders elkaar ontmoet?
Hoe heb jij je vriend / vriendin ontmoet?
Hoeveel is het leeftijdsverschil tussen je ouders?
Hoeveel jaar schelen jij en je vriend/vriendin?
Geloof je in "Liefde op het eerste gezicht"? Net als Romeo en Julia.
Hoelang kenden jouw ouders elkaar al voor ze trouwden?
Hoelang vind jij dat mensen elkaar moeten kennen voordat ze gaan trouwen?
Vonden de ouders van jouw moeder je vader in het begin leuk?
Hoe heeft jouw vader je moeder ten huwelijk gevraagd?
Ben je wel eens gevraagd en heb je toen "Nee" gezegd?
Heb je wel eens met iemand een date gehad die jonger was? En ouder?
Heb je wel eens heel hard geprobeerd met iemand een date te krijgen?
Heeft je vriendin het uitgemaakt toen je in het leger moest?
Ben je wel eens stiekem met je vriend of vriendin uitgegaan?
Ben je wel eens heimelijk op iemand verliefd geweest?
Heb je het wel eens uitgemaakt en het later weer goedgemaakt?
Hoe is dating nu vergeleken met de tijd van je ouders?
Wat vind je van internet dating of chatroom ontmoetingen?
Vertel over je beste en je slechtste blind date.
Is je vriend / vriendin gemakkelijk of eigenwijs?
Als je ouders je vriend of vriendin niet mogen, zullen ze dat dan zeggen?
Vind je het gemakkelijk om iemand iets te vergeven?
Klaag je veel of houd je je emoties makkelijk binnen?
Kun je een geheim bewaren?
Zijn je ouders modern of ouderwets?
Speel je wel eens voor "Matchmaker"?
Ben je zelf wel eens "ge-Match-t"?
Word je snel jalours? Vertrouw je iedereen altijd?
____ ?
____ ?
____ ?

** Praten over computers en gadgets

Kun je met "Excel" omgaan? En "Powerpoint"? Wat nog meer?

Kan jij zelf een homepage ontwerpen?

Ben je wel eens files kwijtgeraakt op je computer? Hoe kwam dat?

Download je veel? Wat? Is dat allemaal legaal?

Gebruik je een computer op school tijdens de les?

Lees je het nieuws op het internet?

Lees je wel eens een eBook?

Heb je een eigen laptop? Wat voor een?

Heb je een videorecorder? (Camcorder) Wat doe je ermee?

Heb jij een printer met alles erop en eraan?

Hoeveel mp3-spelers heb je thuis?

Kun je met "Design"-computerprogramma's werken? Met welke?

Neem je wel eens TV programma's op? Welke?

Maak je veel foto's met je mobieltje?

Heb je wel eens een computervirus gehad?

Ben je je mobieltje wel eens verloren?

Hoeveel mobieltjes heb je al gehad in je leven?

Hoeveel computerspelletjes heb je? Waar ben je goed in?

Hoeveel berichtjes stuur je elke dag? Niet liegen, hoor!

Hoe vaak controleer je je email?

** Praten over van alles

Lees je in bed voordat je gaat slapen? Hoelang?
Ga je 's avonds laat wel eens wandelen? Waar wandel je dan?
Ga je vaak naar een theater? Met wie? Wanneer ben je voor het laatst geweest?
Val je altijd direct in slaap? Wat doe je als je niet in slaap kunt vallen?
Waar zou je willen wonen in Seoul? In Korea? In de wereld?
Is je haar bij de kapper wel eens mislukt? Wat heb je toen gedaan?
Wat is het eerste dat je je kunt herinneren in je hele leven?
Als je een beroemd iemand zou kunnen ontmoeten, wie zou dat dan zijn?
Is er een moment in je leven wat je het liefst zou willen vergeten?
Als je elke baan of carrière zou kunnen krijgen, wat zou je dan willen doen?
Houd je van de zomer of van de winter? Waarom?
Heb je wel eens een tyfoon of een aardbeving meegemaakt?
Wat is het beste of leukste dat je in je leven hebt meegemaakt?
Heb je wel eens de hele nacht doorgestudeerd? Voor welk vak was dat?
Heb je je eigen website?
Hou je van rock muziek? Wat is je favoriete groep?
Heb je wel eens een wedstrijd gewonnen? Waarmee?
Heb je wel eens een heel beroemde persoon ontmoet? Wie?
Heb je wel eens hele enge droom gehad? Waar ging het over?
Ben je wel eens verdwaald? Hoe ben je weer thuis gekomen?
Heb je wel eens een streng dieet gevolgd? En.... is het gelukt?

Beknopt overzicht van de grammatica

▪ Grammaticale termen

Aanwijzend voornaamwoord	Demonstrative	지시사
Bezittelijk voornaamwoord	Possessive	소유격
Bijvoeglijk naamwoord	Adjective	형용사
Bijwoord	Adverb	부사
Bijzin	Subordinate clause	종속절
Enkelvoud	Single	단수
Gebiedende wijs	Imperative	명령문
Hoofdzin	Main clause	주절
Hulpwerkwoord	Auxiliary verb	조동사
Lidwoord	Article	관사
Lijdend voorwerp	Object	목적어
Meervoud	Plural	복수
Meewerkend voorwerp	Indirect object	간접 목적어
Onderwerp	Subject	주어
Overtreffende trap	Superlative	최상급
Tegenwoordige tijd	Present	현재시제
Verleden tijd	Past	과거시제

Vergrotende trap	Comparative	비교급
Verkleinwoord	Diminutive	지소사
Voegwoord	Conjunction	접속사
Voltooid deelwoord(Partecipium)	Participle	분사
Voltooid tegenwoordige tijd	Present perfect	현재완료
Voornaamwoord	Pronoun	대명사
Voorzetsel	Preposition	전치사
Voorzetselvoorwerp	Preposition object	전치사 목적어
Vraagwoord	Interrogative	의문사
Werkwoord	Verb	동사
Zelfstandig naamwoord	Noun	명사

Werkwoord

Tegenwoordige tijd:

Stam = werkwoord zonder - en

Ik	=	stam	wij	=	infinitief
jij/u	=	stam-t	jullie	=	infinitief
hij/zij	=	stam-t	zij	=	infinitief

Voorbeeld:

Ik	=	fiets	wij	=	fietsen
jij/u	=	fietst	jullie	=	fietsen
hij/zij	=	fietst	zij	=	fietsen

	Hebben	Zijn
ik	heb	ben
jij/u	hebt	bent
hij/zij	heeft	is
wij	infinitief	infinitief
jullie	infinitief	infinitief
zij	infinitief	infinitief

Modaliteit:

	moeten	kunnen	mogen	willen	zullen
ik	moet	kan	mag	wil	zal
jij/u	moet	kan(kunt)	mag	wil(wilt)	zal(zult)
hij/zij	moet	kan	mag	wil	zal
wij	infinitief	infinitief	infinitief	infinitief	infinitief
jullie	infinitief	infinitief	infinitief	infinitief	infinitief
zij	infinitief	infinitief	infinitief	infinitief	infinitief

gaan
ga
gaat
gaat
infinitief
infinitief
infinitief

Voltooid tegenwoordige tijd:

werkwoord 1	+ werkwoord 2
hebben	+ participium
zijn	+ participium

Partecipium = ge + stam + t/d
"Softketchup" = t / rest = d
Onregelmatige werkwoorden !

Voorbeeld:	Hij heeft gefietst	fietsen	= ge + fiets (-en) + t
	Wij zijn getrouwd	trouwen	= ge + trouw (-en) + d

Verleden tijd:

Ik	= stam + te/de	"Softketchup"	= te/ten
jij/u	= stam + te/de	Rest	= de/den
hij/zij	= stam + te/de	Onregelmatige werkwoorden !	
wij	= stam + ten/den		
jullie	= stam + ten/den	Voorbeeld:	hij werkte
zij	= stam + ten/den		jullie woonden

Toekomst:

	Voorbeeld:
1. tegenwoordige tijd + tijdsaanduiding	Ik studeer morgen op school.
2. gaan + infinitief	Ik ga morgen op school studeren.

3. zullen + infinitief

	Voorbeeld:
een prognose:	Hij zal wel op school zijn.
een voorstel:	Zullen we op school studeren?
een belofte:	Ik zal het doen.

Scheidbare werkwoorden:

Prefix + werkwoord	(aandoen / instappen / afspreken)
Persoonsvorm: (los)	Ik stap/stapte de bus in. (prefix aan het eind van de zin)
Infinitief:	Ik moet mijn kleren aandoen. (prefix-werkwoord)
Te + infinitief: (los)	Hij vergeet de bus in te stappen. (prefix + te + infinitief)
Voltooide tijd:	Ik heb met hem afgesproken. (prefix-participium)
Bijzin:	Omdat hij de bus instapt. (prefix-werkwoord)
Gebiedende wijs: (los)	Stap de bus in! (prefix aan het eind van de zin)

Wederkerend werkwoord:

Werkwoord + me / je / zich / ons	
ik verslaap me	we verslapen ons
jij verslaapt je	jullie verslapen je
hij/zij verslaapt zich	zij verslapen zich
u verslaapt zich	

Plaats van - me / je / zich / ons	
Hoofdzin:	na het werkwoord
Vraagzin:	na het onderwerp
Bijzin:	na het onderwerp

Om .... te + infinitief:

	Voorbeeld:
Doel van een actie:	Ik ga naar HUFS om te studeren.
Achter een bijvoeglijk naamwoord:	Het is leuk om jarig te zijn.
Achter een zelfstandig naamwoord:	Ik heb geen zin om vandaag te werken.

Instructie geven:

	Voorbeeld:
Indirect: - willen:	Wil je hem opbellen?
- kunnen:	Kun je me even helpen?
Direct: - moeten:	Jullie moeten naar de les komen.
Gebiedende wijs: - stam + rest	Bel hem op! / Help me!
(Formeel) - stam-t + u + rest	Gaat u (maar) staan.
	Loopt u (eens) door.

De zin

Hoofdzin:

Onderwerp + persoonsvorm + rest + (2e werkwoord)

- Hij woont in Seoul.
- Hij moet huiswerk maken.

Hoofdzin met inversie:

? + persoonsvorm + onderwerp + rest + (2e w.w.)

- Morgen ga ik op vakantie.
- Bij de bakker gaat hij brood kopen.

Vraagzin:

- Open: vraagwoord + persoonsvorm + onderwerp + rest
  - Wat gaat hij doen?
- Ja/Nee: persoonsvorm + onderwerp + rest
  - Wil hij naar huis lopen?

Bijzin:

voegwoord + onderwerp + rest + persoonsvorm + (2e w.w.)

- ..., omdat hij goed Koreaans wil spreken.
- Als we op vakantie gaan, ...

Hoofdzin + hoofdzin:

hoofdzin + voegwoord + hoofdzin

- Hij koopt een boek en loopt naar huis.
- Loopt hij naar huis of fietst hij naar huis?
- We gaan vandaag zwemmen want we zijn vrij.
- Ik wil wel gaan, maar ik moet werken.

Hoofdzin + bijzin:

hoofdzin + voegwoord + bijzin

- Hij studeert omdat hij een examen heeft.

voegwoord + bijzin, + hoofdzin (met *inversie*)

- Als ik geld heb, *koop ik* een computer.

Indirecte rede / Indirecte vraag:

Hoofdzin + dat + bijzin

- Johan zegt dat Korea een mooi land is.

Hoofdzin + of + bijzin

- Hij vraagt of hij het boek heeft gelezen.

Hoofdzin + vraagwoord + bijzin

- Hij vraagt wanneer zij het boek heeft gelezen.

(Persoonlijk) voornaamwoord

	Onderwerp	Lijdend voorwerp Voorzetselvoorwerp Meewerkend voorwerp	Bezittelijk	Wederkerend
1	ik	mij / me	mijn / m'n	me / mezelf
2	jij / je u	jou / je u	jouw / je uw	je / jezelf zich(zelf) / u(zelf)
3	hij / ie het / 't zij / ze	hem / 'm het / 't haar / d'r	zijn / z'n haar / d'r	zich / zichzelf

1	wij / we	ons	ons (onze)*	ons / onszelf
2	jullie	jullie	jullie / je	je / jezelf
3	zij / ze	ze / hen / hun	hun	zich / zichzelf

Wijzen naar

	hier	daar
de - woorden	deze ...	die ...
het - woorden	dit ...	dat ...
meervoud	deze ...	die ...

Verwijzen naar

	onderwerp	voorwerp
de - woorden	hij / die	hem
het - woorden	het / dat	het
meervoud	ze	ze

Bepaald en onbepaald

bepaald	onbepaald
de .... deze .... die	een .... (enkelvoud)
het .... dit .... dat	☒ .... (meervoud)
mijn .... jouw .... ons .... (etc.)	geen ....
alle .... iedere	weinig ....
namen	veel ....

Er

er + telwoord — (-er- vervangt een woord of zinsdeel)

- Heb je veel boeken? - Ik heb er zes!

er = plaats — (-er- vervangt een plaats (Kan ook met hier/daar))

- Ik woon in Seoul. - Ik studeer er Nederlands.

er + onbepaald onderwerp

- Het boek ligt op tafel. - Er ligt een boek op tafel.

er + vast voorzetsel van werkwoord (Voorbeeld: denken aan)

- Denk je aan Korea? - Ja, ik denk eraan.

Ontkennen (-)

Geen:

- geen (= niet een) (+ adjectief) + onbepaald zelfstandig naamwoord
  - Ik heb geen fiets. / Hij koopt geen boeken.
- geen + land / beroep / vak / taal
  - Spreek je geen Nederlands? / Johan is geen Koreaan.

Niet:

persoonsvorm (+ onderwerp) + niet

- Ik werk niet. / Vandaag studeer ik niet.

lijdend voorwerp + niet

- Hij begrijpt het niet. / Jullie lezen het boek niet.

niet + voorzetsel

- Seung-Eun komt niet uit Nederland.

niet + bijvoeglijk naamwoord of bijwoord

- Bondegi is niet lekker.
- Hij studeert niet erg hard.

Ontkennen van plaats / personen / tijd:

ontkenning van plaats:	nergens *(= op geen enkele plaats)*
	- Ik zie jouw boek nergens.
	- Ik kan mijn tas nergens vinden.
ontkenning van personen:	niemand *(= geen enkele persoon)*
	- Er is hier niemand.
	- Niemand heeft zijn huiswerk gemaakt.
ontkenning van tijd:	nooit *(= op geen enkel moment)*
	- Ik ben nooit bij de DMZ geweest.
	- Ik slaap nooit in de klas.

Bijvoeglijk naamwoord

Normaal gebruik: (+ e)

		de / het	een / ☒
de-woord	De tas is zwaar.	de zware tas	een zware tas
het-woord	Het huis is klein.	het kleine huis	een ***klein*** huis
meervoud	De boeken zijn dun	de dunne boeken	dunne boeken

Vergelijkende trap: + -er (+ dan)

		de / het	een / ☒
de-woord	De tas is licht**er**	de licht**ere** tas	een licht**ere** tas
het-woord	Het huis is grot**er**	het grot**ere** huis	een ***groter*** huis
meervoud	De boeken zijn dikk**er**	de dikk**ere** boeken	dikk**ere** boeken

Overtreffende trap: (+ st(e))

		de / het	**een / ⊠**
de-woord	Die tas is **het mooist**	de mooi**ste** tas	- ⊠
het-woord	Dat huis is **het oudst**	het oud**ste** huis	- ⊠
meervoud	Onze boeken zijn **het dikst**	de dik**ste** boeken	- ⊠

Verkleinen

- klinker + l, n, w, r en a, e, i, o, u	-tje	tafeltje / deurtje / eitje / schoentje
- korte klinker + g, l, m, n, ng, r,	- etje	weggetje / brilletje / bruggetje
- m, lm, rm,	- pje	boompje / raampje / armpje
- ing (accent op andere lettergreep)	- kje	koninkje / verdiepinkje
- rest	- je	boekje / fietsje / studentje / bergje

Woordenlijsten

Groeten:

Hoi.
Hallo.
Goedemorgen / middag / avond.
Dag, mijnheer / mevrouw ......

Vragen hoe het gaat:

Alles goed?
Hoe is het?
Hoe gaat het (met je)?
Hoe gaat het met u?
Hoe maakt u het?

Afscheid nemen:

Doei!
Tot kijk!
Ik moet gaan, dag.
Tot ziens!
Tot straks / morgen / vanavond / maandag...
Tot de volgende keer.

Niet begrijpen:

Wat? / Hè?
Wat zeg je? / Wat zegt u?
Zeg dat nog eens. / Nog een keer, graag.
Ik snap je / u / het niet.
Ik begrijp je / u / het niet.
Wat bedoel je? Hoe bedoelt u?

Goed:	
Wauw!	Enorm!
Te gek!	Goed gedaan!
Echt waar?	Prachtig!
Mooi hoor!	Perfect!
Geweldig!	Niet te geloven!
Gefeliciteerd!	Fantastisch!

Niet goed:	
Tja?	Oh, nee!
Nou ja....	Hè, moet dat?
Zozo	Dat moet over!
Dat is niet best!	Dat is erg slecht!
Jammer!	Helemaal fout!
Het spijt me, maar...	Totaal mislukt!

Iemand uitnodigen:

Heb je zin om zaterdag iets te doen?

Zullen we vrijdag gaan .... ?

Heb je tijd op dinsdagavond?

Heb je al iets te doen op donderdagavond?

Wanneer heb je tijd (om te ....)?

Wanneer komt het je uit om te ....?

Wanneer zullen we .... ?

Hoe laat wil je .... ?

Waar zullen we elkaar ontmoeten?

Waar zullen we afspreken?

Hoe laat zullen we afspreken?

Wat vind je van ..(20.00).. uur bij de ...(ingang)...?

Positief antwoorden:	**Negatief antwoorden:**
Oké! / Leuk! / Super! / Te gek! / Tof!	Nee! / Mwa! / Nou, nee!
Zeker weten!	Nee ik heb geen zin.
Ik doe mee.	Nee, ik heb geen tijd.
Ja, lijkt me leuk!	Helaas, (dan) ik kan niet.
Goed idee! / Leuk idee!	Nee, ik heb iets anders.
Dat klinkt heel goed!	Jammer, ik heb al een afspraak.
Ja, laten we gaan!	Het spijt me, ik ben verhinderd.

Wanneer en hoe vaak

Hoe vaak:

continu
altijd
bijna altijd
zo vaak mogelijk
zo vaak als ik kan
meestal
frequent
vaak
regelmatig
gewoonlijk
normaal*
soms
bij tijd en wijle
af en toe
bij bijzondere gelegenheden
niet zo vaak
zelden
zeer zelden
bijna nooit
een enkele keer
nooit
helemaal nooit

een keer per dag / week / maand / jaar
twee keer per dag / week / enz.
drie keer ……..
om de dag

Wanneer:

2 jaar geleden
5 maanden geleden
drie dagen / weken geleden
eergisteren
gisteren
vannacht
vanmorgen
vandaag (nu)*
vanavond
vannacht
morgen
morgenochtend
morgenmiddag
morgenavond
overmorgen
over 3 dagen / weken / maanden
volgende week / maand
volgend jaar
over 2 jaar

Familie

Familiezaken:

adoptieouders	양부모	schandaal	추문
erven	상속하다	religieuze familie	종교적인 가족
erfenis	상속	scheiding	이혼
familie	가족	(onder)steunend	지원하는 / 도와주는
familie (niet gezin)	가족학대	strikt	엄격한
familieruzie	가정불화	verre familie	(먼)친척
graf	무덤	verwend kind	버릇없는 아이
hecht	가까운 관계	voorouders	조상
leeftijdsverschil	연령차	voortrekken	편애하다
nakomelingen	후손	wees (wezen)	고아
oorspronkelijk uit	원래 / 처음부터	zakgeld	용돈 / 수당
persoonlijk	사적인	zwarte schaap	집안의 골치덩어리

Familieleden:

kinderen	자녀	schoonmoeder	장모 / 시어머니
broer / zus	남자 / 여자형제	schoonvader	장인 / 시아버지
zoon	아들	dochter	딸
neef	사촌 / 남자조카	nicht	사촌 / 여자조카
oom	삼촌 / 아저씨	tante	고모 / 이모
oma	외 / 친할머니		숙모 / 외숙모
opa	외 / 친할아버지	zuigeling	갓난아기
zwager	매부 / 처남	overgrootvader	증조부

Uiterlijk

lelijk	못생긴
niet aantrekkelijk	매력없는
gewoon	평범한
zozo	그저그런
voldoende	보통의 외모의
oké	괜찮은 편
leuk(V)	귀여운
knap(V)	예쁜
mooi(V)	아름다운
een stuk(V)	아름답고 멋진
knap(M)	잘생긴
mooie jongen(M)	꽃미남의
goed gebouwd(M)	몸짱의

lang	키가 큰
klein	작은
slank	날씬한
dik	통통한
gewoon	보통의
mager	마른
gespierd	근육질의
love handles(M)	처진 뱃살의
mollig	귀엽게 통통한
gedrongen(M)	짜리몽땅한
zwaargebouwd(M)	체격 좋게 살찐
bierbuik(M)	볼록 나온 배의
vet (120k+)	비만의

Vrouwelijke maten:

zandloperfiguur	모래시계형 몸매
wulps	가슴이 큰
lange benen	긴 다리
mollig	포동포동한
lekker mollig	귀엽고 포동포동한
fijntjes	멋진

Mannelijk haar:

baard	턱수염
sik	염소수염
snor	콧수염
bakkebaarden	구렛나루
borsthaar	가슴에 털있는
kalend	대머리가 시작되는

Huid:

gerimpeld	주름진
leerachtig	가죽처럼 거친
melkwit	유우 빛깔의
pokdalig	여드름 자국이 많은
verweerd	햇빛에 그을린
zacht	부드러운

Vrouwelijk haar:

fringe	뱅스타일의
gekleurd	염색한
golvend	연한 웨이브가 있는
krullend	곱슬곱슬한
lang / stijl	긴 생머리의
naar achteren	뒤로 묶은
opgestoken	올린 머리의
paardenstaart	꽁지 머리로 묶은
permanent	파마한
piekerig	까치 머리의
scheiding	앞가르마의
vlechten	양갈래로 땋은

Lichaamsdelen:

arm	팔
billen	엉덩이
borst	흉부
darmen	장
dij	허벅지
duim	엄지
elleboog	팔꿈치
enkel	발목
haar	머리카락
hart	심장
hersenen	뇌
huid	피부
kaak	아래턱
keel	목
kin	턱끝
knie	무릎
kuit	종아리
lever	간
longen	폐
rug	허리, 등
mond	입

nek	뒷목
neus	코
neusgaten	콧구멍
nier	신장
ogen	눈
oksel	겨드랑이
palm	손바닥
pols	손목
ribben	갈비뼈
maag	위
scheenbeen	정강이
schouder	어깨
tanden	치아
tenen	발가락
tong	혀
vinger	손가락
voet	발
voorhoofd	이마
wangen	볼
wenkbrauwen	눈썹
wimpers	속눈썹

Kleding:

Broek:

afgesneden	무릎까지 자른 반바지
bootcut	부츠컷
knielengte	무릎길이의 반바지
knopengulp	지퍼대신 단추로된 바지
korte broek	반바지
strakke pijpen	일자바지
wijd	배기바지
wijde pijpen	나팔바지

Rok en jurk:

geplooid	주름진
minirok	미니 스커트
mini-jurk	미니 원피스
onder de knie	종아리까지 오는
op de enkel	발목까지 오는
op de knie	무릎까지 오는
splitrok	옆트임 치마
wikkelrok	랩 스커트

Bovenstuk:

badpak	원피스 수영복
bikini	비키니
blote buik	배꼽티
col	목티
gebloemd	꽃무늬의
geruit	체크무늬의
gestreept	줄무늬의
halter	넥 홀더형
korte mouw	짧은 소매
kousen	스타킹
laag uitgesneden	목이 깊게 파인 옷
lange mouw	긴 소매
lingerie	란제리
mouwloos	민소매의
onderbroek	팬티
onderjurk	원피스 슬립
onderkleding	속옷
onderrok	속치마
panty	팬티 스타킹
patroon	패턴
pyjama	파자마
rugloos	등이 파인
sjaal	스카프
V-hals	브이넥

Mannenkleding:

blazer	싱글자켓
bomber jacket	항공점퍼
bretels	멜빵
buitensportbroek	카고팬츠
button down	버튼다운
kostuum	정장
kreukvrij	구김이 잘 생기지 않는
mouwloos hemd	런닝
overhemd	셔츠
polo	폴로셔츠
regenjas	바바리
regenjack	바람막이
riem	벨트
sporthemd	스포츠 티

Kleding passen: (te)

dik	두꺼운
donker	어두운 / 칙칙한
dun	얇은
groot	헐렁헐렁한
licht	밝은
ouderwets	구식의
riskant	야한
schreeuwerig	요란한
smakeloos	볼품없는
strak	몸에 꽉 끼는
stralend	빛깔이 선명한
transparant	비치는
uit	유행이 지난

Schoenen:

hardloopschoenen	조깅화
hoge hakken	하이힐
nette schoenen	구두
platform schoenen	통굽
platte schoenen	플랫슈즈
pumps	펌프스
sandalen	샌들
slippers	슬리퍼
tennisschoenen	테니스화
wandelschoenen	등산화

Accessoires:

armband	팔찌
broche	브로치
ketting	목걸이
portemonnee	지갑
handtas	핸드백
horloge	손목시계

Persoonlijkheid

aardig	친절한
ambitieus	야망있는
artistiek	미적 감각이 있는
attent	사려깊은
bazig	보스기질의
beleefd	예의바른
besluiteloos	우유부단한
bot	무례한
casanova / playboy	바람둥이
charismatisch	카리스마적인
conservatief	보수적인
creatief	창의적인
diplomatiek	외교적인
durft alles	대담한
egoïstisch	이타적인
evenwichtig	착실한
extravert	외향적인
geduldig	참을성 있는
gepassioneerd	열정적인
gesloten	차가운
gezellig	다정다감한
goed geïnformeerd	박식한
groepsmens	같이 있으면 재밌는
griezelig	소름끼치게 징그런
hartelijk	인정이 많은
heetgebakerd	성질급한
hooggevoelig	민감한 / 예민한
humeurig	우울한

ijverig / vlijtig	열심히 노력하는
impulsief	충동적인
individualistisch	개인주의적인
ingetogen	기력이 없이 밋밋한
inschikkelijk	남에게 맞출줄 아는
intellectueel	지적인
intolerant	관대하지 않은
introvert	내성적인
koppig	완고한
kortzichtig	마음이 좁은
levendig	활기찬
lichtgelovig	귀가 얇은
lief	사랑스러운
loyaal	충실한
lui	게으른
makkelijk	태평스러운
meelevend	동정심이 많은
meewerkend	협조적인
mild	온순한
muurbloem	인기없는 여자
nerveus	긴장한 / 불안한
nieuwsgierig	호기심이 많은
onaangenaam	비열한
onaardig / lelijk	불친절한
onafhankelijk	독립적인
onbetrouwbaar	신뢰가 가지 않는
onbezorgd	근심걱정이 없는
onrustzaaier	문제아 / 말썽쟁이

onverantwoordelijk	무책임한
onvolwassen	미숙한
onzeker	확신이 없는
openstaand	편견이 없는
optimistisch	낙천적인
ouderwets	시대에 뒤떨어진
passief	수동적인
perfectionistisch	완벽주의자
pessimistisch	비관적인
populair	인기있는
psychotisch	정신적으로 이상한
rijp	성숙한
saai	따분한
sentimenteel	감상적인
slechtgezind	비협조적인
slim	똑똑하고 영리한
sociaal	사교적인
stil / zwijgzaam	조용한

stomp	무뚝뚝한
strikt	엄격한
terughoudend	보수적인
toegewijd	전념하는
tolerant	관대한
trots	자신감 있는
verfijnd	섬세하고 세련된
verlegen	수줍움이 많은
verwaand	거만한
verwend	버릇없는
vlug afgeleid	산만한
vrekkig / gierig	욕심이 많은
vrijgevig	후한
walgelijk	꼴불견의
wisselend van humeur	변덕스러운
zoet	상냥한
zweverig	몽상적인

Winkelen

2 halen 1 betalen	원 플러스 원 (1 + 1)
accessoires	장신구
afdingen	흥정하다
alleen kijken	아이쇼핑
avondwinkel	편의점
bekend merk	브랜드
beschadigd	불량의
breedtematen	평범하지 않은 사이즈
credit / pin card	신용카드 / 직불카드
doorkijken	둘러보다
garantie	교환보장
geld terug garantie	환불보장
geld terug	환불
goedkoop	싼 / 저렴한
gloednieuw	신제품의
grote selectie	물건이 많고 다양한
hoge kwaliteit	고급스러운
impulsieve koper	충동 구매자
kapot	부서진
kassier	계산원
klantenservice	고객지원 서비스
kleine selectie	종류가 많지 않은
kleingeld	잔돈
koopje	헐값에 산 물건
koopjesjager	싼 물건만 사는 사람

licht beschadigd	흠 있는 물건
luxe	사치스러운
merknaam	브랜드 / 상표
merklabel	명품
niet ruilen	교환불가
overal gezocht	샅샅이 훑어 보다
winkeltje	구멍가게
namaak / nep	가짜명품 / 명품카피
pandjesbaas	전당포
parfum	향수
passen	입어 보다
paskamer	피팅룸
past precies	몸에 딱 맞는
show exemplaar	진열상품
souvenirwinkel	기념품 가게
straatverkoper	노점상
topkwaliteit	최상품의
tweedehands	중고의
uitverkocht	품절된
verkoper	판매원
winkeldiefstal	좀도둑질
winkelverslaafde	쇼핑중독
wijd	지나치게 헐렁한
zuinig	알뜰한

Hobby's

astronomie	천체관측	maskerdans	탈춤
badminton	배드민턴	modellen maken	모형조립
bergwandelen	등산	muziekinstrument	악기
biljart (pool)	당구	naaien	바느질
bowling	볼링	puzzels	퍼즐
borduren	자수	penvriend	펜팔
calligrafie	서예	reizen	여행
chatten	채팅	rolschaatsen	롤러브레이드
computerspelletjes	컴퓨터 게임	schilderen	그림
dagboek	일기쓰기	schrijven	글쓰기
dansen	춤	skieën	스키
duiken	스쿠버다이빙	sport	스포츠
fietsen	자전거 타기	tafeltennis	탁구
fotograferen	사진	tekenen	연필그림
internet zoeken	인터넷 서핑	tennis	테니스
kamperen	캠핑	vechtsport	무술
kano varen	카누	vissen	낚시
kerk (helpen)	교회 자원봉사	wandelen	하이킹
koken	요리	winkelen	쇼핑
legpuzzels	조각그림 맞추기	zwemmen	수영
lezen	독서		

School en universiteit

administratie	학교본관
afwezig	결석
afwezig met excuus	정당한 결석
afwezig (ziek)	건강상의 결석
bibliotheek	도서관
boekenwurm	책벌레 / 공부벌레
boekwinkel	서점
bijvak	부전공 과목
college bijwonen	청강하다
collegegeld	수업료
curriculum	교육과정
cursus / vak	강의 / 수업
cijferlijst	성적 증명서
beoordelingscijfer	학점
dubbel hoofdvak	복수전공
druk, druk, druk	벼락치기
eeuwige student	만년학도
faculteitshoofd	학과장 / 학장
gestraald	낙제
hoofdvak	전공과목
inschrijven	등록하다
klas	수업
kliek	파벌 / 학벌
keuzevak	선택과목
leerplan	강의 계획서
masterscriptie	석사논문
mbo opleiding	단과대학
mondeling examen	구술시험

open boek examen	오픈북 테스트
periode / semester	학기
geschreven examen	필기 시험
solliciteren	지원하다
spiekbriefje	컨닝 페이퍼
spijbelen	땡땡이 치다
studentenraad	학생회
studiebeurs	장학금
studiepunten	학점
toelating	입학(허가)
de uitslag bekend maken	성적공지하다
woordenboek	사전

Studenten:

eerstejaars	1 학년
tweedejaars	2 학년
derdejaars	3 학년
vierdejaars	4 학년
bachelor (student)	학사학위 / 학부생
master (student)	석사학위 / 대학원생
doctor	박사학위
afstuderen	졸업하다
promoveren	박사학위 받다

Studierichtingen

alternatieve geneeskunde 한의학
architectuur 건축학
bedrijfskunde 경영학
bedrijfswetenschappen 일반 경영학
bestuurskunde 행정학
boekhouden 회계학
bouwkunde 공학
chemie 화학
chemische techniek 화공학
Chinees 중국어
communicatie 정보통신기술학
dans 무용
diergeneeskunde 수의학
economie 경제학
electrotechniek 전기공학
farmacie 약학
filosofie 철학
geneeskunde 의학
geografie 지질학
geschiedenis (역)사학
gezondheidswetenschappen 보건학
humanistiek 인문학
interieurarchitectuur 실내 디자인학
informatica 전산학
informatiewetenschap 문헌 정보학
Japans 일본어

kunst 미술학
kunstgeschiedenis 예술사
levenswetenschappen 생명과학
landbouw 농학
marketing 광학
milieuwetenschappen 환경과학
mode ontwerpen 의상 디자인
muziek 기악 / 성악
muziekwetenschap 음악학
natuurkunde 물리학
natuurwetenschappen 자연과학
Nederlands 네덜란드어
psychologie 심리학
radio & tv wetenschappen 방송학
rechten 법학
sociale wetenschappen 사회학
theologie 신학
toerisme 관광학
verpleegkunde 간호학
voedingswetenschap 식품영양학
werktuigbouwkunde 기계공학
wiskunde 수학

Beroepen

aannemer	건설업자
accountant	회계사
acteur / actrice	배우 / 여배우
administrateur	사무 집행자
advokaat	변호사
ambassadeur	대사
artiest	예술가
astronaut	우주 비행사
bakker	제빵사
baliemedewerker	고객담당 직원
bankier	은행가
barman	바텐더
beambte	공무원
begrafenisondernemer	장의사
bibliothecaris	(도서관) 사서
boer / boerin	농부
brandweerman	소방관
buschauffeur	버스 운전사
C.E.O.	최고 경영자
caféhouder	술집주인
chauffeur	개인 운전사
(chef)kok	요리사
chirurg	외과의사
danser / danseres	무용가
dierenarts	수의사
diplomaat	외교관

dokter	의사
dominee	목사
electricien	전기 기술자
fabrieksarbeider	공장 근로자
fotograaf	사진사
freelancer	프리랜서
grafisch ontwerper	그래픽 디자이너
handarbeider	장인
herenkapper	이발사
hoogleraar	교수
illustrator	삽화가
in opleiding	수습사원
ingenieur	엔지니어 기술자
interieurontwerper	실내 디자이너
journalist	기자
kantoorbediende	사무원
kapper / kapster	미용사
kassier	계산원
kleermaker	재단사
komiek	개그맨
kruidenier	식료품 가게 상인
lasser	용접공
leidinggevende	매니저
leraar	선생님
loodgieter	배관공

metselaar	벽돌공
mijnwerker	광부
minister	장관
misdadiger	범죄자
model	모델
monnik	승려
musicus	음악가
nieuwslezer	뉴스앵커
ober / kelner	웨이터
piloot	파일럿
politicus	정치가
postbode	우체국 집배원
president	대통령
priester / pastoor	가톨릭 신부
procureur	검사
producent	프로듀서
programmeur	프로그래머
rechter	판사
regisseur	감독
resercheur	형사
schilder	페인트공
schrijver	작가
secretaresse	여비서
secretaris	남비서
slager	정육점 주인
soldaat	군인

sportcoach	운동코치
steward	스튜어드
stewardess	스튜어디스
straatverkoper	노점상
tandarts	치과의사
taxichauffeur	택시 운전사
telefonist(e)	전화 교환원
timmerman	목수
tolk	통역사
tuinman	정원사
veiligheidsbeambte	경호원
verkoper	판매원
verpleegster	간호사
verslaggever	리포터
vice president	부통령
visser	어부
vrachtwagenchauffeur	트럭 운전사
vuilnisman	환경 미화원
wetenschapper	과학자
winkelier	상점주인
zakenman	사업가
zanger / zangeres	가수
zeeman	항해사
zelfstandige	자영업자

De weg vragen

Waar is het?:

boven -위쪽에

(boven)op -위에

ten noorden (van) -의 북쪽에

ten zuiden (van) -의 남쪽에

ten oosten (van) -의 동쪽에

ten westen (van) -의 서쪽에

tussen -사이에

in het midden van -의 중앙에

in het centrum 시내에

naast -의 옆에

tegenover -의 건너편에

aan de rechterkant (van) -의 오른쪽에

aan de linkerkant (van) -의 왼쪽에

rechts (van) 오른쪽에

links (van) 왼쪽에

onder -의 아래에

voor -의 앞에

achter -의 뒤에

aan de achterkant (van) -의 뒤쪽에

rechtsaf / sla rechtsaf 오른쪽으로 가다

linksaf / sla linksaf 왼쪽으로 가다

naar rechts / naar links 왼/오른쪽으로

stop 멈추다

teruggaan 되돌아 가다

oversteken 건너다

Wegen:

pad	도보길
steeg	골목
achterafstraat	뒷길
landweg	시골길
onverhardestraat	비포장 도로
straat	길
weg	도로
laan	가로수길
hoofdweg	대로
boulevard	해변
provinciale weg	국도
snelweg	고속도로
kruising / kruispunt	사거리
driesprong / T-splitsing	삼거리

stoep / trottoir	인도
zebrapad / oversteekplaats	횡단보도
verkeersdrempel	과속방지 턱
blok / huizenblok	블록 / 구역
middenberm	중앙 분리대
voetgangersbrug	육교
voetgangerstunnel	지하도
viaduct	입체 교차로
tunnel	터널
brug	다리
file	교통체증
ver weg / verderop	먼 / 조금 더 가서

Vervoer

achteraf weggetje
뒷길
airmiles 항공 마일리지
auto- / lucht- / zeeziek
멀미
bagage 여행가방
benzinestation 주유소
benzine / diesel
휘발유 / 디젤
benzinemeter 연료 계기판
bijrijder 조수석
bob (chauffeur)
운전하기로 한 사람
brug 다리
busbaan 버스 전용 도로
business klasse
비지니스 클래스
carpool 카풀
douane 세관
eerste klasse 일등석
enkele reis 편도
fileverkeer 교통체증
forensen 통근하다
gebruikte auto 중고차
gereserveerde zitplaats
예약석
handbagage 기내휴대 가방
hogesnelheidstrook
고속차선
hoofdweg 주도로 (대로)

huurauto 렌터카
kaart / plattegrond
지도
kaartje / muntje
지하철 티켓
klein ongelukje (작은) 접촉사고
koffers / tassen
가방
kortere weg 지름길
landweg 시골길
lekke band 펑크난 타이어
liften 히치하이크
op loopafstand
걸어서 갈수 있는 거리
maximale snelheid
제한속도
middenberm 중앙 분리대
navigatie 네비게이션
nonstop / direct
직행
tussenstop / transfer
환승
paspoort 여권
pech (onderweg)
여행중 자동차 고장
piloot / co-piloot
기장 / 부기장
pont 여객선
raamplaats 창문측 좌석
retour 왕복

rijbewijs	운전 면허증
rijden onder invloed	음주운전
roltrap	에스컬레이터
sanitaire stop	휴게소에 쉬어감
shuttlebus	셔틀버스
snelheidsmeter	속도 계기판
snelweg	고속도로
standaard / economy	일반석
steeg	골목
tolhuis(je)	톨게이트
tolweg	유료도로

total loss	폐차
tourniquet	개찰구
treinkaart	기차표
turbulentie	난기류
uitrijstrook	고속도로 출차선
verdwaald	길을 잃은
verkeersdrempel	과속방지 턱
vervoerskaartje	대중교통 티켓
verzekering	보험
wrak / ongeluk	교통사고

Openbaar vervoer

Bus:	
busstation	버스 정류장
stadsbus	시내버스
streekbus	시외버스
touringcar	관광버스
bus met zitplaatsen	좌석버스
Trein:	
treinstation	기차역
rails	선로
perron	플랫폼 / 선로
locomotief	엔진칸
wagon	짐칸
eerste klas	일등석

tweede klas	이등석
treinkaartje	기차표
conducteur	승무원
Metro:	
metrostation	지하철역
metrokaartje / muntje	지하철 티켓
(kaartjes)loket	표사는 곳
kaartjesautomaat	티켓 자동판매기
overstappen	환승
uitgang no 2	2번 출구
roltrap	에스컬레이터
(stamp)vol	(아주) 붐비는

Vliegtuig:

bagage check in	수화물 확인
douane	세관
tax free winkel	면세점
gate	게이트
lang parkeren	장기주차
wisselkantoor	환전소

Thuis en de omgeving

Thuis:

airconditioning	에어컨
badkamer	욕실
balkon	발코니
bed	침대
boekenkast	책장
boekenplank	책꽂이 선반
bureau	책상
dak	지붕
deurbel	초인종
douche	샤워실
droger	빨래 건조기
fornuis	가스레인지
glaswerk	유리잔
gootsteen	싱크대
hal / gang	복도
kast	장
kelder	지하실
keuken	부엌
keukenkast	주방 수납장
klok	벽시계
koelkast / ijskast	냉장고
garage	창고
kraan	수도꼭지
ladenkast	서랍장
lamp	램프
ligbad	욕조
magnetron	전자레인지
muur	벽
oven	오븐
(plafond)ventilator	(천장) 선풍기
plank	선반
potten en pannen	냄비
raam	창문
servies	접시
slaapkamer	침실
sofa / bank	소파
stereo-installatie	오디오 장치
stoel	의자
verwarming	온열기
vloer / grond	바닥
vuilnisbak	휴지통
waskamer	세탁실
wasmachine	세탁기
WC	화장실
woonkamer	거실

Omgeving:	
academie	학원
apotheek	약국
avondwinkel	편의점
bank	은행
bar / café	술집 / 호프
bioscoop	극장
bloemenwinkel	꽃집
bushalte	버스정류장
fotozaak	사진관
fruitstalletje	과일상
hoogbouw complex	아파트 단지
ijzerwarenwinkel	철물점
juwelier	보석상
kantoorwinkel	문구점
kapsalon	미용실
karaokebar	노래방 / 노래연습장
kerk	교회
kledingwinkel	옷집
kleermaker	양복점
kliniek	개인병원
koffieshop	커피숍
kruispunt	교차로

makelaar	부동산
metrostation	지하철 역
meubelzaak	가구점
muziekwinkel	음반가게
(nacht)club	(나이트) 클럽
opticien	안경점
park	공원
pinautomaat	현금인출기
pizzeria	피자가게
politiekantoor	파출소 / 경찰서
poolzaal	당구장
restaurant	식당
schoenmaker	구두방
sportclub	헬스클럽 / 스파
steeg	골목
stomerij	세탁소
straat	거리 / 길
supermarkt	슈퍼마켓
telefoonwinkel	전화기 대리점
trouwzaal	예식장
videotheek	비디오 대여점
warenhuis	백화점
wasserij	빨래방
ziekenhuis	종합병원

Het weer

barometer	기압계
bewolkt	흐린
bliksem	번개
bries	산들바람
dauw	이슬
donder	천둥
fris	쌀쌀한
hagel	해일
heet	더운
hemel	하늘
hittegolf	혹서기
hogedruk(gebied)	고기압(지역)
ijs	얼음
ijskoud	매우 추운
ijzel	살얼음
klimaat	기후
koel	시원한
koud	추운
lagedruk(gebied)	저기압(지역)
lucht	공기
maan	달
mist	안개
neerslag	강수량

onweer	폭우
opklaring	비온 후 갬
orkaan	허리케인
paraplu	우산
plas	물웅덩이
regen(en)	비 / 비오다
regenboog	무지개
regendruppel	빗방울
seizoen	계절
sneeuw(en)	눈 / 눈오다
sneeuwstorm	눈보라
sneeuwvlok	눈송이
storm	폭풍
temperatuur	기온
vochtig	축축한
vorst / vriezen	서리 / 서리내리다
warm	더운
waaien	바람 불다
weer	날씨
weerbericht	일기예보
wind	바람
wolk	구름
zon	해
zonlicht	햇빛

Gezondheid

aanval / attaque (심장)마비	
allergie	알레르기
allergisch	알레르기성
allergische reactie	알레르기 반응
amandelen	편도선
amputatie	절단수술
antibiotica	항생제
apotheek	약국
arts / dokter	의사
auto- / zee- / luchtziek	멀미
blaar	물집
blindedarm	맹장
bloeden	출혈하다
bloed doneren	헌혈하다
bloedgroep	혈액형
buikkramp	배탈
buikpijn	복통
contactlenzen	콘텍트 렌즈
chronisch	만성의
diarree	설사
dodelijke ziekte	불치병
drugs	약
duizelig	어지러운
huiduitslag	발진
flauwvallen	기절하다
gehandicapt	장애의

genetisch	유전적인
gips	깁스
griep	플루
injectie / prik	주사
intensive care	중환자실
hechting	꿰매기
hoestdrank	기침약
jeuk	가려움
kanker	암
koorts	열
koorts hebben	열나다
korst(je)	상처 딱지
kouwe zweet	식은 땀
krukken	목발
lidteken	흉터
longontsteking	폐렴
loopneus	콧물
misselijk	구역질 나는
MRI – scan	엠알아이
neusholtes	비강
ongesteld	생리
orgaantransplantatie	장기이식
overgeven / kotsen	토하다
pees	인대
pleister	대일밴드
pols voelen	맥박을 재다
psychiatrisch ziekenhuis	정신병원

puistje	뾰루지 / 여드름
pijn	통증
reanimatie	심폐소생술
recept	처방전
rehabilitatie	물리치료
rillingen	오한
rolstoel	휠체어
sexueel overdraagbare ziekte	성병
spier	근육
spierpijn	근육통
therapie	치료
(huid)uitslag	두드러기 / 발진
verbrand	화상
verkouden	감기 걸린
verlamd	마비된
verpleegster	간호사
verslaving	중독
verstuiking	접질림
zere keel	목통증
ziekenhuis	병원
zwelling	부은

Tandarts:

beugel	치아 교정기
gaatje	충치
implantatie	임플란트
kies	어금니
kiespijn	치통
kroon	보철
melktanden	유치
tand	치아
tandenpoetsen	양치질하다
verdoving	마취
verstandskies	사랑니
vulling	충치치료

Sport

Fitness:	
amateursporter	아마추어 운동선수
atletiek	육상경기
atletisch	운동의
bierbuik	술배
blaar	물집
elegant	우아한
fanatiek	열정이 넘치는
fit / gezond	건강한
gespierd	근육질의
gewichten	역기
gymnastiek	체조
(halve) maraton	(하프) 마라톤
hijgen	숨 차다
in vorm	몸에 좋은
lichamelijke oefening	체육(과목)
lidmaatschap	클럽 회원권
luiwammes	꼼짝하기 싫은 사람
buikspieren	복근
oefening baart kunst	고진감래
onhandig	동작이 어설픈
opwarmen	몸풀기

profsporter	프로선수
pijn	통증
pupillen	유소년팀
pijnlijk	쑤시는
scheidsrechter	심판
sneldieet	속성 다이어트
snelheid	걷는 속도
sportbroek	짧은 체육복 바지
sportclub	스포츠 클럽
sportfanaat	운동 중독자
sportzaal	실내 체육관
sprinten	전력 질주하다
squash	스쿼시
trainingspak	체육복
uithoudingsvermogen	지구력
uitgeput	기진맥진한
uitrekken	스트레칭하다
uit vorm	몸에 나쁜
verstuiken	접질리다
warm bad	온수욕조
zweet (zweten)	땀(흘리다)
doorweekt zijn	땀에 흠뻑 젖은

Sporten:	
aerobics	에어로빅
atletiek	육상경기
autoracen	카레이싱
badminton	베드민턴
basketbal	농구
bergbeklimmen	등산
biljarten	당구
boogschieten	양궁
boksen	권투
bowling	볼링
duiken	스쿠버다이빙
gewichtheffen	역도
golfen	골프
gymnastiek	체조
hockey	필드하키
honkbal	야구
inline schaatsen	인라인 스케이트
joggen	조깅
judo	유도
kendo	검도

kunstschaatsen	피겨 스케이트
marathon	마라톤
tafeltennis	탁구
paardrijden	승마
poolbiljart	포켓볼
rugby	럭비
schaatsen	스피드 스케이트
schermen	펜싱
skiën	스키
squash	스쿼시
(sumo)worstelen	(스모) 레슬링
taekwondo	태권도
tennis	테니스
turnen	체조
voetbal	축구
volleybal	배구
(wind)surfen	(윈드)서핑
zeilen	조정
zwemmen	수영

Eten

afhalen	포장음식
afrekenen	음식값을 내다
avondeten	저녁식사
barbecue	바비큐
brunch	아침겸 점심
calorie-arm	열량이 낮은
calorie-rijk	열량이 높은
cholesterol-arm	콜레스테롤 낮은
cholesterol-rijk	콜레스테롤 높은
dieet	다이어트
lunchtrommel	도시락
gezellig	아늑한
gastronomisch	미식가
gratis	무료의 / 경품의
hier opeten	여기서 먹다
ik betaal	제가 낼게요
knabbelen	조금씩 계속 먹다
late snack	야참
maagpijn	배탈
meenemen	포장
met je vingers eten	손으로 먹다
middageten / lunch	점심
onbeperkt drinken	무한리필
onbeperkt eten	무제한 제공

overgeven	구토하다
restjes / doggybag	남은 음식 (포장)
scherpe saus	매운 소스
sfeer	분위기
chic restaurant	고급식당
smeerpoets	음식을 흘리면서 먹는 사람
duur(fancy) eten	비싼 음식
zippen (drinken)	조금씩 마시다
themarestaurant	테마 식당
van het huis	서비스
vegetariër	채식주의자
voedselvergiftiging	식중독
voedzaam	영양가 있는
vol zitten	아주 배부른
watertanden (om van te)	군침도는
wegrestaurant	고속도로 휴게소
wereld gerechten	전통음식
zoetigheid	단음식
zout en peper	소금과 후추

De maaltijd:

voorgerecht	전채요리
soep	수프
hoofdgerecht	주요리
salade	셀러드
bijgerecht	반찬
nagerecht	후식 / 디저트

Reizen en vakantie

airmiles	항공 마일리지
aquarium	수족관
baai	(바다) 만
bergbeklimmen	등반하다
bergwandelen	등산하다
bezienswaardigheid	관광명소
bos	숲
camping	캠핑
check out tijd	체크아웃 시간
dierentuin	동물원
duiken	스쿠버다이빙
tweedaagsereis	일박 여행
eiland	섬
enkele reis	편도
grot	동굴
historisch dorpje	민속촌
inchecken	체크인하다
jetlag	시차병
kraakhelder	맑고 투명한
landschapsroute	전망좋은 길
lang weekend	연휴
logies met ontbijt	조식포함
museum	박물관
ontspannend	휴양
oplichterij	바가지

tussenstop	경유
paspoort	여권
reservering	예약
retour	왕복
reis / vakantie	여행
reisbureau	여행사
rivier	강
(rugzak)reis	(배낭)여행
rustig en stil	평화롭고 조용한
sanitaire stop	휴게소에 잠시 멈춤
souvenir	기념품
(wind)surfen	(윈드)서핑
survival reis	서바이벌 여행
toerisme	관광
toeristenfuik	유명하지만 비싼 여행지
themapark	테마공원
(mooi) uitzicht	(아름다운)경관
verdwaald	길 잃은
vermoeiend	지치게 만드는
verrekijker	망원경
vertroetelen	(대접이) 만족스러운
verwachte aankomsttijd	도착 예정 시간
visum	비자
volledig verzorgde reis	패키지 여행
waterski	수중스키
waterval	폭포
zwemmen	수영
zonnebaden	선텐하다

Liefde en romantiek

"op zoek" gaan	연인을 찾다
aanbidden	반하다
avontuurtje	하룻밤의 사랑
bedriegen	바람 피우다
blind date	소개팅 / 중매
boezemvriend(in)	단짝친구
boven je stand	(신분) 과분한 상대
chemie	이성간의 끌림
de juiste man / vrouw	딱 맞는 상대
driehoeksverhouding	삼각관계
een blauwtje lopen	바람 맞다
extra geld (date mislukt)	데이트 비상금
flirten	장난삼아 연애하다
geheime aanbidder	몰래 짝사랑 하는 사람
goedmaken	화해하다
niet gemakkelijk maken	튕기다
hoteldebotel	푹 빠지다
introduceren	소개시켜 주다
kalverliefde	어릴적 첫사랑
kieskeurig	까다로운
koppelaar	중매쟁이
koppelen	중매하다
laten we vrienden blijven	친구로 돌아가다
liefde / lust	사랑 / 욕정
liefde maakt blind	사랑하면 눈이 먼다
liefde op het eerste gezicht	첫눈에 반한 사랑
meerdere relaties	문어발식 연애
moederskindje	마마보이
onbeantwoorde liefde	짝사랑
oude vlam / oude liefde	옛 애인
platonisch	플라토닉
stormachtige relatie	급진전된 관계
uit het zicht, uit het hart	안보면 멀어진다
uitdagen / plagen	약올리다 / 가지고 놀다
uitmaakbrief	이별통보
uitmaken	이별을 고하다
vaste relatie	오래 사귄 사이
verloofde	약혼자
verre liefde	장거리 연애
vriend / relatie	(남)이성친구 / 남친
vriendin / relatie	(여)이성친구 / 여친
zuinige afspraak	싸게 하는 데이트

Praatjes Maken

초판 인쇄 2012년 8월 10일
초판 발행 2012년 8월 20일

지 은 이 Johan Rooze
발 행 인 박 철
발 행 처 한국외국어대학교 출판부
130-791 서울특별시 동대문구 이문로 107
전화 02)2173-2495~7
FAX 02)2173-3363
홈페이지 http://press.hufs.ac.kr
전자우편 press@hufs.ac.kr
출판등록 제6-6호(1969. 4. 30)
편집·디자인 (주)이환디앤비 02)2254-4301

ISBN 978-89-7464-747-6 13750 정가 12,000원

* 잘못된 책은 교환하여 드립니다.